낯가림

김한결 산문집

끌림

작가의 말

가슴 속에 묻어 둔 이야기들이 많다. 여태 다른 사람들에게 한 번도 꺼내지 않은 사연들이 여전히 심연(深淵)에 웅크리고 있다. 언젠가 한 번쯤은 그런 얘기들을 끄집어내 세상에 훨훨 날려 보내고 싶었다. 오랜 세월 나를 옭아매고 있던 원죄(原罪)로부터 자유로워지고 싶었다. 하지만 막상 끄집어내려 하니 용기가 나질 않는다.

부끄럽지만 내 이야기를 아주 조금 꺼냈다. 꺼내면 꺼낼수록 드러나는 나의 본모습을 마주하는 것이 두려워 약간 포장도 했다.

요즘 내 인생의 화두는 '곱게 늙자'이다. 나이를 먹을수록 추해지는 군상(群像)을 마주할 때마다 더 드는 생각이다.

이 책에, 젊은 시절 쓴 글 일부와 사는 내내 마음에 걸렸던 것들, 고맙고 미안한 마음, 몇몇 사람에 대한 그리움, 그리고 세상이 좋아지는 일과 관련된 글들을 실었다.

나를 응원해 주는 사람들, 그리고 내가 응원하는 사람들에게 큰 빚을 졌다. 그들은 모두 나에게 소중한 사람들이다. 아둔 형에게, 교회 식구들에게, 그리고 나의 벗이자 든든한 버팀목인 아내 정현에게 고마운 마음을 전한다.

2024년 가을의 끝자락에 김한결

차례

2부

내가 낯설게 느껴질 때

4부

B급 좌파

1부

버리기 아까운 것들

다만 가끔, 고독한 순간에 불현듯 느껴지는 작은 위로와 조용한 응원.
그것이 바로 우리를 지켜보는 천사들이 건네는 마음일지 모른다.

젊은 시절 쓴 글들 중에서
버리기에 아까운 것 일부를 모았다.

그 남자 #1 - 코스모스를 찾아서

제이는 내 글을 무척 좋아했다. 그 모습이 너무 예뻐서 한 달에 한 번 정도는 글을 써 편지에 담아 보내곤 했다. 제이가 내 곁을 떠난 지 삼 년이 지났다. 헤어지기 전에 그녀에게 약속했다. 너와 헤어진 후 일 년간은 다른 여자를 만나지 않겠노라고. 나는 그 약속을 칼같이 지켰다. 그리고 나는 헤어지는 것 보다 다시 시작하는 것이 더 힘든 거구나 하는 사실을 다시 한번 실감했다.

내 키보다 더 크게 자란 코스모스가 널려있는 들길을 산책한 적이 있다. 코스모스 천국이었다. 얼마나 강한 인상이었던지 아직도 내 머릿속에 선하다. 그 후, 한 친구에게서 풍성하게 핀 코스모스가 활짝 웃고 있는 그림을 선물 받았다. 내가 그 그림을 얼마나 좋아했는지, 얼마나 소중하게 생각했는지 아무도 모른다. 그런데 그 그림을 제이가 강탈해 갔다. 그림을 뺏기지 않으려고 반년을 노력했지만 헛수고였다. 어느 날 제이는 내 약점을 무기로 협박 반, 회유 반으로 그림을 빼앗아 갔다. 잠시 보관하는 거라면서…. 제이와 헤어지고 한 달쯤 지나 제이에게 그 그림을 보내달라고 전화했다. 제이는 그 그림을 결혼하는 친구에게 선물로 주었다고 말했다. 할 말이 없었다.

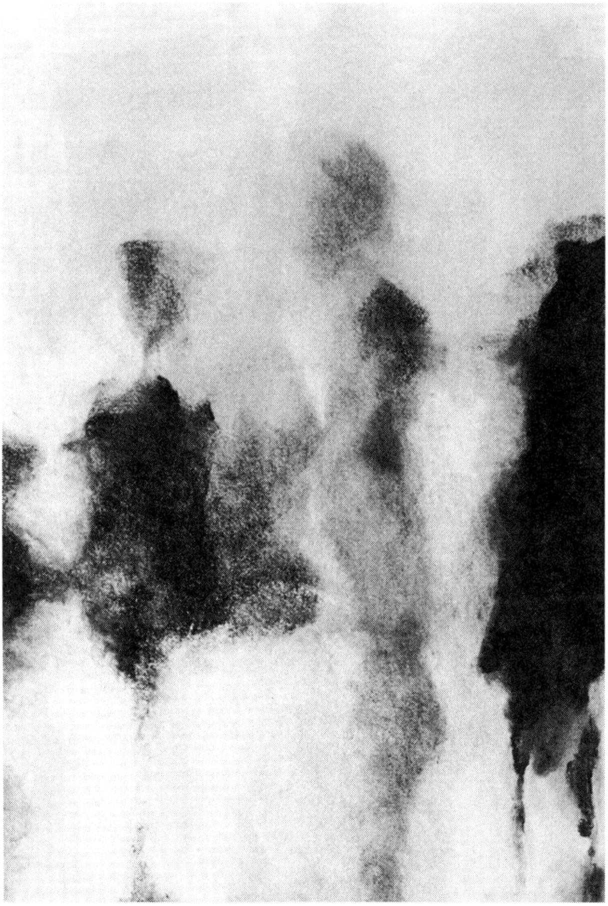

그 남자 #2 - 코스모스를 찾아서

갑자기 두통이 몰려온다. 요즘 들어 부쩍 두통에 시달린다. 호주머니를 뒤져본다. 벌써 약이 떨어졌는지 손에 잡히지 않는다. 약국을 찾았다. 흰옷을 입은 약사가 표정 없는 얼굴로 쳐다본다. 이십 대 후반쯤 돼 보이는 여자다. 흰색 가운이 잘 어울린다고 생각했다. 문득 저 여자 속옷 색깔도 전부 흰색일까 하는 생각이 들었다.

제이도 흰색을 좋아했다. 그녀는 나를 만나는 날이면 어김없이 흰색 원피스를 입고 나왔다. 굳이 왜 흰색 옷만 입는 거냐고 묻지 않았다. 그러고 보니 내가 제이에게 묻지 않은 것이 그것뿐만이 아니었다. 나는 제이에 대해 궁금한 게 거의 없었다. 만나서 함께 있으면 그것으로 그만이었다. 대전을 떠나 안면도로 가게 되었다는 말을 들었을 때도 왜 가느냐고 묻지 않았다. 가지 말라고 붙잡지도 않았다.

그 여자 #1 - 나는 사랑을 믿지 않는다

나는 여느 다른 여자와 마찬가지로 현실적인 여자다. 사랑에서도 마찬가지다. 사랑에는 필요충분조건이 갖추어져 있어야 한다고 생각한다.

지금 한참 열애 중인 진이를 보면 한심하다는 생각이 든다. 진이는 사랑에 목숨 건 여자 같다. 아니 남자에 목숨 건 여자 같다. 참 한심스럽다. 그동안 진이가 사귄 남자는 다섯 명도 넘는다. 정확히 말한다면 벌써 여섯 명째다.

처음 진이가 사랑에 빠지게 되었다면서 소개한 남자는 같은 과 1년 선배였다. 내가 매일 하루도 거르지 않고 붙어 다니던 그 둘을 지켜본 것은 고작 삼 개월이었다. 백 일 넘기지 못하고 헤어진 것이다. 흔히 말하는 성격 차이로 헤어졌다고 했다. 그 남자와 헤어진 후 진이의 첫마디는 이젠 남자가 지긋지긋하다는 거였다. 다신 남자를 사귀지 않겠노라며 세상을 다 산 여자처럼 호들갑을 떨었다. 그 말을 들은 지 한 달이 채 지나기 전에 진이는 또 다른 남자를 만났다. 이번에도 진이는 사랑에 빠졌노라고 거침없이 말했다. 남자가 바뀔 때마다 늘 하는 얘기였다. 사랑이라는 단어를 함부로 남발해서 되는지 묻고 싶었지만, 그만두었다.

그 여자 #2 - 나는 사랑을 믿지 않는다

물론 내가 태어나서 사랑을 한 번도 안 해본 것은 아니다. 한때는 나에게도 사랑하던 사람이 있었다. 아니 사랑한다고 믿고 싶었던 남자가 있었다. 그와는 대학 2학년 봄, '피카소의 화실'에서 만났다. '피카소의 화실'은 학교 후문 근처에 있는 작은 호프집이었다. 주인은 우리 학교 선배였다. 나이로 따지자면 나보다 한참 위였지만 워낙 소탈한 성격이라 후배들과도 참 잘 어울렸다. 처음에 누가 학교 선배라며 그를 소개했을 때 당황했던 기억이 난다. 그는 왼쪽 다리를 크게 절고 있었다. 처음 인사하던 날, 그는 내 손을 꼭 쥐고 반갑다며 인사를 했다. 그때 그의 얼굴은 가볍게 경련을 일으키고 있었다.

눈치챘겠지만 나의 첫 남자는 '피카소의 화실' 주인이다. '피카소의 화실'은 아늑한 안식처였다. 그리고 얼마 후 그 주인은 나의 안식처가 되었다. 그에게도 나처럼 건강하던 시절이 있었다. 광화문 네거리에 가투(街鬪)나갔다가 최루탄이 머리 위에서 터지는 바람에 왼쪽 발을 못 쓰게 된 것이다. 그는 저는 다리만큼이나 마음도 절고 있었다. 내가 그를 사랑하게 된 것도 어쩌면 그의 절망을 보아 버렸기 때문인지 모른다.

그 여자 #3 - 나는 사랑을 믿지 않는다

'피카소 화실' 주인이었던 진호 선배와 헤어진 후 나는 사랑을 믿지 않는 여자가 되어 버렸다. 선배는 끊임없이 나를 사랑한다고 말했다. 나도 그를 사랑하는 줄 알았다. 당시 기댈 곳이 없었던 내게 그는 편안한 둥지였다. 그리고 나는 둥지 속의 한 마리 새였다.

미리 그가 절망을 가슴에 품고 사는 사람인 줄 알았다면 그를 사랑하지 않았을 것이다. 세상의 온갖 피해의식은 혼자 모두 짊어진 듯한 그의 고뇌는 나를 창살 없는 감옥에 가두어 두기에 충분했다. 더는 그에게서 어떤 희망도 발견할 수 없다는 사실을 깨달았을 즈음 그와 헤어졌다. 그리고 사랑을 믿지 않는 여자가 되어 버렸다. 사랑은 희망과 동질의 단어라고 확신하고 있었는데, 진호 선배와의 만남에서 완전히 무너져 버렸다. 그는 사랑이라는 이름으로 희망을 갉아먹는 좀에 불과했다.

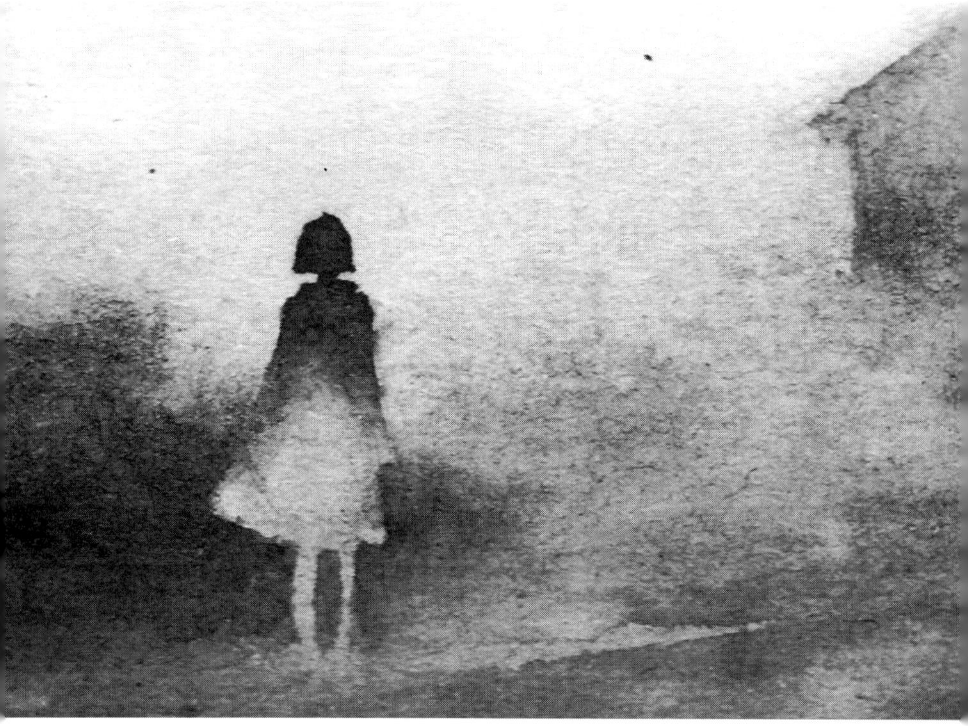

그 남자 #3 - 햇살 좋은 오후

오늘도 벌써 반나절이 지났다. 벌써 며칠째 거리를 헤매고 있다. 특별한 이유나 목적도 없이 갈 곳 잃은 사람처럼 표류하고 있다. 빛 좋은 햇살이 우수수 떨어진다. 하늘을 쳐다본다. 푸른 바다에는 하얀 섬이 몇 개 떠 있다. 눈이 부시다. 그 섬에서 코스모스가 활짝 웃고 있는 게 보인다. 눈을 비비고 다시 쳐다본다. 환영(幻影)은 아니다. 그녀가 나를 쳐다보며 배시시 웃고 있다.

그녀는 참 차가운 여자 같다. 그녀를 만지면 내 모든 것이 꽁꽁 얼어붙어 가벼운 바람에도 산산이 부서져 내릴 것만 같다. 그러기에 그녀는 더 사랑스러운 여자다.

그 남자 #4 - 햇살 좋은 오후

담배를 꺼내 물었다. 반나절 만에 피우는 담배라서 그런지 머리가 띵하다. 다리가 후들거린다. 잠시 쉬기로 했다. 버스정류장 의자가 보인다. 의자에 앉아서 지나가는 차들을 지켜본다. 버스가 정차하고 몇몇 사람이 내리는 것이 보인다. 버스엔 손님이 별로 없다. 갑자기 코스모스가 생각난다. 버스에서 내리는 여자들을 하나하나 지켜보며 코스모스의 생김새를 만들어낸다. 얼굴이 번들거리는 뚱뚱한 여자가 내린다. 밥맛이다. 다음 버스를 기다린다. 이번엔 여자 셋이 내린다. 할머니, 아줌마, 그리고 또 아줌마. 아줌마는 내 취향이 아니다. 아무래도 장소를 잘못 골랐나 보다. 예쁘고 상큼한 여자를 보려면 물 좋은 데로 가야 하는데…, 후후. 바보 같다는 생각이 든다. 또 한 대의 버스가 섰다. 창 너머로 졸고 있는 한 여자가 눈에 띈다. 고개를 숙인 채 졸고 있는 옆모습이 참 매력적이다.

한낮의 햇살이 수그러들고 있다. 다시 거리로 나선다. 지나치는 행인들 속에서 코스모스가 웃고 있는 모습이 보인다. 그녀는 어디에도 있다. 거리에도 하늘에도 버스 안에도…. 그녀는 내 안의 여자다. 결코, 나를 떠날 수 없는….

그 남자 #5 - 햇살 좋은 오후

레코드 가게에서 김광석의 '서른 즈음에'가 흘러나오고 있다. 그가 떠난 지도 벌써 몇 년이 흘렀다. 그가 자살했다는 소식을 처음 알려준 것은 제이였다. 제이도 나만큼이나 김광석을 좋아했었다.

나에게 있어 서른은 출구가 없는 미로나 다름없었다. 스물아홉에서 서른으로 넘어가는 그 절망의 시기에 나를 지탱해 준 힘은 바로 제이와 김광석의 노래였음을 부인하진 않겠다.

그 여자 #4 - 디오니소스

요즘 나는 그에 대해 생각할 일이 많아졌다. 그는 타인인 동시에 낯선 방문객이다. 그의 방문을 받은 나는 불안과 두려움에 사로잡혀 있다. 혼자 집 안에 있을 때 낯선 사람의 방문을 받아 본 경험이 있는 사람들이라면 나의 이런 기분을 이해할 것이다. 그 방문객이 내 마음에 노크하고 문을 열어달라고 졸라댄다. 필시 이런 경우 반갑게 문을 열어주는 사람이 있다면 그 사람은 분명 미친 사람일 것이다. 나 또한 마찬가지다. 섣부르게 문을 열어주었다가 무슨 일을 당할지 모를 일이기에….

그 여자 #5 - 디오니소스

나는 사람들과 잘 어울리지 못한다. 아니 남자들과 잘 어울리지 못한다. 남자라는 동물은 참 이상한 동물이다. 조금만 잘 해주면 마치 자기를 좋아해서 그러는 것처럼 착각한다. 자기의 소유물인 양 가두어 두려고 한다. 그러고 보면 남자는 참 단순한 동물이다.

진호 선배가 그랬다. 그는 나와 사귀면서 끊임없이 자기의 영역 안에 나를 가두어 두려 했다. 자기가 내 호스트라도 되는 양 착각하여 주인의 명령에 복종하는 한 마리 충견(忠犬)이길 바랐다. 그러나 나는, 사랑은 절대 소유가 아님을 믿고 있었기에 그로부터 도망치고 말았다.

그 여자 #6 - 디오니소스

그림을 그리고 싶다. 어떤 사물이 내게 특별한 느낌으로 다가왔을 때 나는 미친 듯이 그림을 그렸다. 그림에 내 느낌을 담아 형상화하는 작업은 바로 내 존재를 확인하는 일이기도 했다. 이런 점에서는 그를 조금은 이해할 수 있을 것 같다.

그림을 그려야겠다. 내가 잃어버린 사랑을 그려야겠다. 그동안 잊고 있었다. 어디 내가 잊고 있었던 것이 사랑뿐이랴. 나는 내 꿈마저 잊고 있었다. 세상살이에 허우적대다 가장 소중한 것들을 잊고 있었다. 그림을 그린다는 것이 나를 찾아가는 작업이라면 당장 시작하겠다. 그를 위한 그림이 아닌 나 자신을 위한 그림을….

그 남자 #6 - 유인원의 동굴에서

한여름에도 햇볕 한 줌 구경하기 힘든 음습한 자취방에 반나절이나 처박혀 있었다. 방문객 중 하나가 '유인원의 동굴'이라고 이름 붙인 네 평의 작은 공간. 뿌연 먼지가 내려앉은 책들이 어지럽게 널브러져 있다. 평소 깔끔하게 정리 정돈을 해야 직성이 풀리는 성격인데도 벌써 몇 달째 청소하는 것을 잊고 살았다. 아무렇게나 내 던져 놓은 옷가지가 여기저기 흩어져 있다. 말 그대로 유인원의 동굴이다.

오랜만에 방 청소를 하기로 했다. 먼저 바닥에 진 치고 있는 책들을 집어 들어 한 권씩 책장에 가둔다. '말도로르의 노래,' 철컥-. '죽음의 한 연구,' 철컥-. '슬픈 열대,' 철컥-. '소유냐 삶이냐,' 철컥-. '소크라테스의 변명,' 철컥-. '지리산,' 철컥-. '이 시대의 남신들,' 철컥-. '세상의 모든 딸들에게,' 철컥-. '그대가 곁에 있어도 나는 그대가 그립다,' 처~얼-. 바닥에 무언가 떨어진다. 네 등분으로 접힌 색 바랜 편지다. 펼쳐보았다. 낯익은 깨알 같은 작은 글씨가 눈에 띈다.

바다의 깊이를 재기 위해/ 바다로 내려간/ 소금인형처럼/ 당신의 깊이를 재기 위해/ 당신의 피 속으로 뛰어든/ 나는/ 소금인형처럼/ 흔적도 없이/ 녹아 버렸네 슬픔이 밀려왔다. 가슴이 답답해서 견딜 수 없었다. 어느새 추억보다 진한 눈물이 내 세포를 하나하나 녹이고 있었다. 한참을 그대로 있었다.

그 남자 #7 - 유인원의 동굴에서

그녀에게 사랑한다고 말해야 했다. 아니 사랑했었노라 말해야 했다. 그러나 "잘 가"라는 말 한마디로 그녀를 보냈다. 잊고 살았다. 정말 철저하게 그녀의 존재를 부인하며 살았다. 그녀는 단지 한순간의 몽환(夢幻)이었노라고 자위하며 살았다. 이 사실을 그녀도 알고 있을까? 또 한 번 파도 같은 슬픔이 '유인원의 동굴'을 가득 채운다.

책 정리하는 것을 멈추었다. 기억 그물 속에서 이름 몇 개가 파드득 소리를 내며 날아오른다. 모두 머릿속에서 채 흔적을 지우지 못한 이름들이다. 그들에게 공통점이 있었을까? 기억을 더듬는다. 하나씩 얼굴을 끄집어낸다. 이름과 연상되는 이미지를 연결해 본다.

그 남자 #8 - 유인원의 동굴에서

떠나간 여자에게 미련을 두고 살지 않았다. 늘 새 여자가 내 앞에 나타나기만을 기다리며 살았다. 절대 뒤돌아보지 말자. 절대 미련 두지 말자. 떠나간 사람을 다시 붙들 수는 없는 일. 지나간 사랑을 그리워한들 무슨 소용이 있으랴. 이런 생각을 하며 살았다.

후회했다. 지난날의 생각이 잘못되었다는 것을 인정하고 싶었다. 사랑한다고 끊임없이 말했던 여자, 곁에 있어 주기를 늘 원했던 여자, 소금인형이 되기를 원했던 여자. 그런 여자를 나는 버렸다. 단지 내 싸움에 방해가 된다는 별것도 아닌 이유 하나로. 나는 그녀를 위해 눈물 한 방울 흘리지 않았다. 헤어지던 날, 그녀가 내게 한 말은 "독한 놈"이었다. 그래 나는 독한 놈이었다. 독해도 지독하게 독한 놈이었다. 가지 말라고 붙들지 않았다. 오히려 "잘 가"라고 말했다.

그 남자 #9 - 유인원의 동굴에서

편지가 보였다. 아무래도 태워버리는 게 좋겠다는 생각이 들었다. 방문을 열었다. 가을 햇살이 눈부셨다. 사물을 분간할 수 없을 정도였다. 반지하의 음습한 동굴에서 빠져나와 지상으로 올라갔다. 화단에는 나뭇잎이 차분하게 떨어져 있었다. 낙엽을 헤치자, 흑갈색의 흙이 보였다. 담배를 꺼내 물고 불을 댕겼다. 콜록콜록, 기침이 나왔다.

호주머니에서 편지를 꺼냈다. 다시 한번 읽어볼까 하는 생각이 들었지만 그만두었다. 더는 나의 무의식을 자극하고 싶지 않았다. 과거의 기억을 붙들고 괴로워하고 싶지 않았다. 기억은 붙들면 붙들수록 집요해지는 것. 이제는 자유로워지고 싶었다.

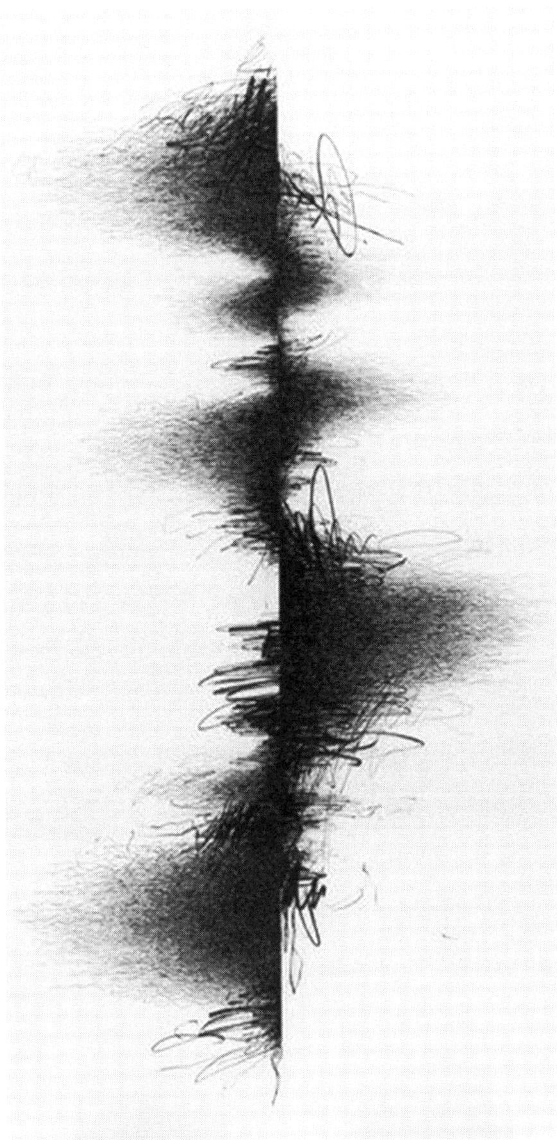

그 남자 #10 - 유인원의 동굴에서

편지는 여전히 손에 들려 있었다. 어떤 미련 때문에 불을 댕기지 못하는 것인지 알 수 없었다. '그래, 냉정해지자.' 라이터에 불을 켰다. 노란색 불꽃이 아름다웠다. 한참을 그대로 있었다. 엄지손가락에 뜨거운 열기가 느껴졌다. 정신을 차렸다. 결국, 손에 든 편지는 그대로였다. 불에 태워 재로 날려버린다는 것이 그녀에 대한 예의가 아닐 거라는 생각이 들었다.

'그래, 그냥 남겨두자. 먼 훗날 사랑은 이런 것이구나 하고 당당히 말할 수 있을 때, 내게도 이런 아련한 추억이 있었다고 생각하며 끄집어내자.'

두통은 가라앉아 있었다. 방으로 들어갔다. 방안은 여전히 지저분했다. 방 치우는 것을 포기했다. 손에 들고 있던 편지를 책 속에 도로 넣고 책장에 꽂았다. 기분이 한결 나아졌다. '유인원의 동굴'을 가득 채웠던 기억의 파편들도 어느새 먼지처럼 가라앉아 있었다. 대신 홀로 남겨졌다는 외로움이 내 의식을 잠 깨우고 있었다.

삶은 우리에게 늘 정직하다

#1

행복을 꿈꾼다. 깊은 잠에서 깨어나 맨 처음 만나는 아침햇살과도 같은 눈부신 행복을 꿈꾼다. 꿈을 꾸고 있기에 비로소 행복하다는 것을 안다. 행복은 늘 곁에 있는데 그것을 깨닫는 데 꽤 오랜 시간이 걸렸다.

#2

행복이 가까이 있음을 우린 잊고 산다. 사는 게 힘들다는 것과 불행하다는 것은 별개다. 그런데 우린 사는 게 힘들면 불행하다고 생각한다. 푸시킨이 말한 “삶이 그대를 속일지라도/ 슬퍼하거나 노여워하지 말라”는 말을 기억해야 한다. 삶은 우리 개개인에게 늘 정직하다.

버려짐에 대한 단상

길가에 아무렇게나 버려진 맥주병을 만났다. 버려진다는 것은 사람이건 사물이건 매한가지인가 보다. 사람 사는 세상에서는 쓸모가 없어지면 버리는 게 다반사다.

맥주병은 버려진다고 해서 상처받지 않는다. 하지만 사람은 어떠한가? 사소한 일에 쉽게 상처받고 외로움에 쉽게 쩔쩔매지 않는가?

살아오면서 누군가를 버리고 누군가로부터 버림을 받아본 적이 있던가? 지금까지 살아오면서 나는 무수히 버리고 무수히 버림을 받았다. 그러나 이제는 그동안 내가 버렸던 사람들을 되찾고 싶다. 나를 버렸던 사람들을 용서하고 싶다.

베를린 천사의 시

대학 시절, 동아리 멤버들과 함께 빔 벤더스 감독의 영화 〈베를린 천사의 시〉를 본 적이 있다. 꽤 오래전 일이지만 그 영화는 지금도 내 기억 속에 생생하다. 오래전, 나는 이 영화 제목으로 지금은 망해 없어진 모 커뮤니티 사이트에서 클럽을 운영했다. 클럽의 대문에는 이런 글귀를 남겨 놓았다.

> 많은 사람이 상처받은 영혼을 위로받기 위해 방황하고 있다/ 세상은 사람을 지치게 한다/ 갈 곳을 잃은 사람들이 여기저기 기웃거리며 안식처를 찾고 있다/ 누군가 손을 내밀어 붙잡아 준다면 그 조그만 손길에서 안식을 찾을 수 있을 텐데/ 여전히 세상은 우리를 지치게 한다/ 마른 늪에서 물고기를 건져 올리는 것처럼 건조한 일상에서 촉촉한 습기를 건져내고 싶다/ 사람을 그리워하며 희망을 노래하고 싶다.

그 당시, 클럽을 운영할 때 〈베를린 천사의 시〉가 영화에 등장하는 천사 다미엘과 같은 역할을 하길 바랐다. 많은 이의 쉼터가 되길 바랐다. 하지만 커뮤니티 사이트가 망하는 바람에 사라지고 말았다. 그 클럽에서 건진 거라고는 지금 나와 함께 살고 있는 아내뿐이

다. 영화 〈베를린 천사의 시〉는 피터 한트케의 시 〈아이의 노래〉로 시작한다.

아이가 아이였을 때/ 팔을 휘저으며 다녔다/ 시냇물은 하천이 되고/ 하천은 강이 되고/ 강도 바다가 된다고 생각했다// 아이가 아이였을 때/ 자신이 아이라는 걸 모르고/ 완벽한 인생을 살고 있다고 생각했다// 아이가 아이였을 때/ 세상에 대한 주관도 습관도 없었다/ 책상다리를 하기도 하고 뛰어다니기도 하고/ 사진 찍을 때도 억지 표정을 짓지 않았다// 아이가 아이였을 때 질문의 연속이었다/ 왜 나는 나이고 네가 아닐까/ 왜 난 여기에 있고 저기에는 없을까/ 시간은 언제 시작되었고/ 우주의 끝은 어디일까// …

도시의 잿빛 하늘 아래, 천사들은 사람들을 지켜본다. 그들은 늘 곁에 있으면서도 자기 존재를 드러내지 않는다. 사람들이 아무에게도 말하지 못하는 외로움과 상처를 천사들은 알고 있다. 베를린의 거리와 골목을 헤매며 언제나 사람들 곁에 머물러 있다.

천사들이 느끼는 사랑은 가질 수 없는 사랑이다. 사람들이 느끼는 기쁨과 슬픔을 알고 싶어도, 온몸으로 세상의 온기를 느끼고 싶어도, 그들은 할 수 없다. 천사는 사람을 사랑하지만, 동시에 그들을 지켜봐야만 하는 존재다. 누군가에게 손을 내밀고 싶어도 할 수 없다. 자기가 곁에 있다는 걸 알아주기를 바라지만 들킬 수 없는 존재다. 하지만 천사들에게는 견디기 어려울 만큼 마음속에 간절함이 가득하다. 자기가 지켜보는 사람들처럼 사랑을 느끼고, 그들과 하나가 되어 숨 쉬고 싶어 한다. 삶의 아픔과 즐거움을 몸소 겪으며 진정한 삶의 의미를 깨닫고 싶어 한다. 그래서 천사들은 사람이 되고 싶어 한다. 무한한 시간과 초월적 존재의 안락함을 포기하고, 사람의 고통과 행복을 함께 나누고 싶어 한다. 사람으로 산다는 것은 언젠가 반드시 끝을 맞이하는 것이지만, 그 끝을 알고도 사람이 되고자 한다.

알레칸 서커스단에서 공중곡예 하는 마리안을 사랑한 천사 다미엘은 천사의 삶을 포기하고 날개를 버린다. 기꺼이 사람의 삶을 선택한다. 그 끝이 고단한 결과를 낳을 거라는 걸 알면서도….

> 영원히 살면서 천사로 순수하게 산다는 건 참 멋진 일이야. 하지만 가끔 싫증을 느끼지. 영원한 시간 속을 떠다니는 나의 중요함을 느끼고 싶어. 내 무게를 느끼고 현재를 느끼고 싶어. 불어오는 바람을 느끼며 '지금'이란 말을 하고 싶어. 지금, 바로 지금. 더 이상 '영원'이란 말은 싫어.

천사들이 품은 사랑은 보이지 않는다. 그 사랑은 늘 우리 곁에 있지만, 우리는 그것을 쉽게 느끼지 못한다. 다만 가끔, 고독한 순간에 불현듯 느껴지는 작은 위로와 조용한 응원. 그것이 바로 우리를 지켜보는 천사들이 건네는 마음일지 모른다. 베를린의 천사들은 그렇게 우리 곁에 있다. 그들의 보이지 않는 사랑은 여전히 우리를 감싸고 있다.

사람이 그리운 날

많은 사람이 '자기 정체성'을 상실한 채 살아가고 있다. 나도 한때는 '정체성의 부재'를 한탄하기도 했다. 우리가 살아있다는 것은 '존재의 인식' 때문이 아닐까? 누군가(타인他人)에 의해 기억되고 있기에 비로소 살아있는 것. 반대로 죽음에 대해서도 같은 맥락에서 이해할 수 있다. 죽음은 잊혀진다는 것.

우리는 상실의 시대를 살고 있다. 그동안 이것저것 잃어버렸다. 우선은 '자기 정체성'이요, 다음은 '순수'다. 정체성과 순수를 잃어버린 시대에 필요한 것은 과연 무엇일까? 나는 오래전에 해답을 찾았다. 그것은 바로 사랑이다. 자기를 사랑하는 것, 순수를 사랑하는 것.

그러나 일상은 여전히 나를 괴롭힌다. 그렇게 살지 말라고 말이다. 세상에서 바보 취급을 받는다고 말이다. 세상은 영악하게 살아야 하는 것이라고 매번 나를 유혹한다. 이것이 지금 고민하는 딜레마 중 하나다.

'이상주의자'라는 꼬리표를 달고 살아가야 하는 지금의 초상이 아직은 부끄럽지 않다. 그 까닭은 이것이 바로 내 정체성 회복을 위한 출구이기 때문이다.

오늘은 더욱 사람이 그립다. 순수를 함께 노래할 벗이 그립다.

일터

온종일 우는 새는 목이 아프다고 새들의 샘터에서는 저마다 그들의 언어로 피를 토하고 있다.

비움에 대하여

많은 사람이 비우는 것을 겁내고 내려놓는 것을 힘들어한다. 나도 마찬가지다. 많이 비어 있는 그릇이 큰 그릇이고, 많이 비어 있는 사람이 큰 사람이란 걸 알면서도 비우고 내려놓기란 쉽지 않다. 비어 있어야 채워지고 내려놓아야 맘이 편해질 수 있다. 비운 만큼 채울 수 있고, 내려놓은 만큼 나눌 수 있다.

2부

내가 낯설게 느껴질 때

다 아무것도 아냐. 쪽팔린 거, 인생 망가졌다고 사람들이 수군대는 거, 다 아무것도 아냐. 행복하게 살 수 있어. 나 안 망가져. 행복하게 살 거야.

– tvN 드라마 〈나의 아저씨〉 대사 중에서

마음에 걸리는 것, 풀지 못한 숙제 같은 것,
나누고 싶은 것을 실었다.

낯가림

나이를 먹으면 먹을수록 낯가림이 심해지는 것 같다. 제법 살았으니 더 뻔뻔해져야 할 텐데 그 반대다. 예전엔 이런저런 사람들 만나는 게 즐거웠는데, 지금은 맘 통하고 말 통하는 사람들 말고는 정붙이기가 몹시 힘들다. 세상살이에 찌들어 맘이 소심해진 걸까? 아니면 사람 만나는 일에 신중해진 걸까?

내가 낯설게 느껴질 때

살다 보면, 가끔 내가 낯설게 느껴질 때가 있다. 분명 나인데 내가 아닌 것처럼 어딘가 달라 보이고 익숙했던 모습이 아닌 것 같은 순간이 있다. 이럴 때면 마치 내가 아닌 누군가가 나를 쳐다보고 있는 것처럼 스스로가 어색해진다.

여러 곳에서 많은 역할을 소화하다 보니, 내 경계가 모호해짐을 느낀다. 사람들과의 관계 속에서 그들이 기대하는 모습에 맞춰 변하려고 애쓰다 보니, 때로는 내 본연의 모습이 희미하게 바뀌어 가고 있다는 것을 느낀다. 그러다 문득 모든 것이 멈추고 홀로 남았다고 느껴질 때, 지금의 내가 정말 나인지, 이것이 정말 내가 원하는 모습인지 묻고 싶어진다.

내가 낯설게 느껴지는 것은, 어쩌면 나 스스로와 거리를 두고 있었다는 신호일지도 모른다. 타인의 시선과 기대에 맞추려 노력하는 동안, 정작 내 안의 진짜 모습은 잊고 살았다는 것을 일깨우는 순간일지도 모른다.

때로는 일부러 걸음을 멈추고 나 자신을 돌아보는 시간이 필요한 것 같다. 내가 무엇을 원하는지, 어떤 삶을 살고 싶은지 질문을 던져보는 일이 필요한 것 같다.

내가 낯설게 느껴질 때, 그것은 나에게 주어진 기회일지도 모른다. 나를 다시 알아가고, 그동안 묻어두었던 진짜 나를 발견하는 시간일지도 모른다. 낯설어 보이는 나를 받아들이고 스스로 이해할 수 있을 때, 나는 다시금 나 자신을 온전히 느끼며 앞으로 나아갈 수 있겠지.

파블로프의 개

파블로프와 그의 개, 그리고 사람의 감정은 묘하게 닮았다. 파블로프의 실험실에서 종소리가 울릴 때마다 침을 흘리는 개는 그저 본능적으로 반응했을 뿐이다. 그러나 그 반응 속에는, 어쩌면 가장 단순한 형태의 학습된 감정이 스며 있다. 반복된 자극 속에서 기대와 욕망이 자라난 것이다. 사람의 마음도 이와 비슷하게 조용히, 하지만 깊이 길들여진다.

우리는 일상에서 숱한 종소리를 듣는다. 누군가의 다정한 한마디, 사랑했던 사람의 흔적, 오래된 기억의 자취가 자극이 되어 우리의 마음속 종을 울린다. 그 종소리는 때로는 기쁨을, 때로는 슬픔을, 또 때로는 그리움과 같은 애틋한 감정을 끌어올린다. 그렇게 우리 마음은 익숙한 경험과 감정들 속에서 무의식적으로 반응하고, 점점 더 많은 것에 길들여진다.

하지만 사람의 감정은 단순한 조건반사를 넘어선다. 우리는 그 종소리를 들을 때마다 선택할 수 있는 자유와 복잡함을 가진다. 기쁨에 미소 지을 것인지, 슬픔에 눈물지을 것인지, 또는 아픔을 가슴에 묻고 담담히 걸어갈 것인지. 파블로프의 개가 침을 흘렸다면, 사람은 그 감정을 곱씹고 자신만의 의미를 더해 다시 세상 속으로 나아간다.

사람은 조건에 따라 움직이면서도 동시에 그 조건을 넘어선다. 우리 마음속 종소리는 때로는 아프고, 때로는 아름답다. 종소리가 울릴 때마다 우리는 잠시 멈춰 서서 그 울림 속에서 자신의 감정을 되돌아보게 된다.

외로움도 늙는다

아둔 형에게 전화했다. "왜, 독거노인 죽었는지 살았는지 확인하려고 전화했냐?"라며 농을 던진다. "형, 외롭지 않아?"라고 묻자, "외로움도 늙는다."라고 짧게 대답한다.

외로움은 우리와 함께 나이 들어가는 감정이다. 젊은 시절의 외로움은 불안하고 날카로워서 마치 깊은 밤 홀로 깨어 있는 듯한 두려움을 준다. 그 외로움은 강렬하고 생생해서 마음을 울리고 끊임없이 무언가를 찾아 헤매게 만든다. 더 많은 관계와 더 큰 의미를 갈구하게 하며 외로움에서 벗어나기 위해 무엇이든 해야 할 것만 같은 조급함에 사로잡히게 한다.

하지만 세월이 흘러 외로움도 우리와 함께 나이 들어간다. 처음엔 그토록 날카롭던 외로움이 점점 둥글게 다듬어진다. 마치 오래된 친구처럼 우리 곁에 조용히 머물며 고요히 시간을 함께 보내는 존재가 된다. 늙어가는 외로움은 불안을 덜어내고 더 이상 우리를 재촉하지 않는다. 그저 그 자리에 머물며 혼자서도 괜찮다고 속삭여 준다.

외로움이 늙어가면 비로소 그 속에서 평온을 찾기 시작한다. 외로움은 더 이상 우리에게서 무언가를 빼앗아 가지 않는다. 오히려 그 속에서 자신을 돌아보고 세상의 작은 순간들을 음미할 수 있는 여유를 느끼게 한다. 그 고요한 외로움 속에서 우리는 스스로에게 집중하게 되고 타인의 시선이 아닌 나만의 내면을 들여다보게 된다.

외로움도 늙는다는 것은 그 감정이 우리와 함께 성장하고 변해간다는 뜻이다. 외로움은 아프고 힘들었던 시간을 지나고 나면 마침내 한 겹의 따뜻한 담요처럼 우리를 감싸며 편안함을 준다. 외로움은 더 이상 두려운 존재가 아니며 우리 삶의 일부로 남아 나이 들면서도 여전히 함께한다. 외로움을 벗 삼아 살다 보면 어느새 외로움은 불편한 감정이 아닌 익숙한 친구가 된다.

휘저을수록 흐려지는 마음

사람의 마음이라는 게 조용히 가라앉아 있을 때와 들추어지고 휘저어질 때가 다른 것 같다. 마치 오랜 시간 고요히 가라앉아 있던 물이 흙과 섞여 흐려지듯 우리 마음도 깊이 묻어둔 감정을 다시 끄집어낼 때 종종 예기치 못한 혼란이 찾아온다. 그 속에는 오랜 감정의 찌꺼기와 씻어내지 못한 상처들이 떠다닌다. 그 감정들을 다시 꺼내 바라보는 일은 생각보다 쉽지 않다.

마음을 휘저어 볼 때면 한때 묻어둔 후회나 미움, 부질없는 욕망이 마치 잊힌 진흙처럼 피어오른다. 우리는 그것을 기억하지 않으려 했지만, 막상 저어놓고 보면 오랜 세월 잔잔히 쌓였던 감정들이 응어리져 있었음을 깨닫게 된다. 그렇게 떠오르는 감정들은 고요한 마음을 깨고, 어딘가에 남아 있는 앙금들이 찌푸린 향을 뿜어내기도 한다.

이것이 바로 마음의 깊은 곳을 건드렸을 때 마주하는 본질인지도 모른다. 아무리 숨기고 가라앉히려 해도 그 감정은 여전히 우리의 일부로 남아 있다. 하지만 휘저어본 마음이 항상 나쁜 것만은 아니다. 그렇게 떠오른 것들을 하나씩 마주하고, 다시 가라앉히는 과정을 통해 우리는 비로소 치유의 시작점에 서게 된다.

어쩌면 마음은 완벽하게 맑아질 수는 없을 것이다. 하지만 그 흐린 순간에 마주한 진실들, 그 속에 담긴 감정들을 인정하고, 받아들이는 일이 중요하다. 저을수록 깊은 곳에서 피어오르는 불편한 진실을 마주하고, 그 위에 다시 평온을 얹어 두는 것. 그것이 우리가 조금 더 자신을 이해하고, 조금 더 단단해지는 길일지도 모른다.

묵정밭

내 마음속엔 묵정밭 같은 곳이 있다. 아무도 들여다보지 않고, 누구도 손길을 주지 않은 채 그대로 남겨진, 오래된 밭. 한때는 푸른 싹이 돋아나고 풍성한 열매를 맺었겠지만, 시간이 흐르며 그곳은 점차 잊혀졌다. 지나간 감정들과 말하지 못한 후회들이 층층이 쌓여, 묵정밭은 어느새 자란 잡초들로 가득해졌다.

사람이 자기 마음속 묵정밭을 마주하기란 쉽지 않다. 그곳에는 애써 묻어둔 아픔과 잊고 싶은 기억들이 가득하고, 손대지 않은 만큼 정리되지 않은 감정들이 뒤섞여 있다. 하지만 그 묵정밭이 내 안에 있다는 것을 인정하고 받아들이는 일, 그 고요한 공간을 다시 바라보는 일이야말로 나를 더 자유롭게 해주는 첫걸음일지도 모른다.

이 묵정밭은 시간이 걸리더라도 조금씩 다듬어갈 수 있다. 지나간 상처들을 조심스럽게 들여다보고, 하나씩 치유해 가는 과정에서 새로운 씨앗을 심을 수 있다. 그러면 한참 뒤에는 잡초가 걷히고, 따스한 햇볕 아래서 묵정밭에도 새싹이 돋아나겠지. 그 새싹이 단단히 뿌리를 내려, 다시는 묵정밭으로 돌아가지 않도록 마음을 채우게 되겠지. 마음속 묵정밭을 다듬어가는 일은 고된 작업이지만, 결국 그곳이 풍요로운 밭으로 되살아나는 순간, 나는 더 깊고 넓어진 자신을 마주하게 되겠지.

슬픔이 들어 올 자리

슬픔은 예상치 못한 틈 사이에 자리 잡는다. 고요한 새벽, 창밖에서 차가운 바람이 스며들어 오듯 슬픔은 조용히 우리 안에 자리 잡는다. 그곳은 대개 무방비한 순간들이다. 아무렇지 않은 듯 지나가던 일상의 작은 순간들, 누군가의 말 한마디, 어떤 낡은 노래의 멜로디 속에서도 슬픔은 숨어 있다.

슬픔이 들어오는 문턱은 마음이 부드러워질 때, 방심한 찰나에 열린다. 우리는 무언가를 잃었을 때만 슬픔이 찾아온다고 생각하지만, 때로는 아무것도 잃지 않았는데도 빈자리처럼 느껴지는 무언가가 우리를 괴롭힌다. 그 슬픔은 이름이 없고, 시작도 끝도 없다. 그저 가만히 스며들어 우리와 함께 시간을 보낸다.

어쩌면 슬픔이 들어올 자리는 우리가 여전히 살아있음을 느끼게 해주는 공간일지도 모른다. 이 틈을 통해 우리는 비로소 자신이 얼마나 연약하고, 그 연약함이 우리를 사람답게 만들어 준다는 사실을 깨닫는다. 그러기에 슬픔이 들어올 자리 하나쯤 마음 한구석에 마련해 두자.

행복하자

2018년에 총 16부작으로 tvN에서 방영한 〈나의 아저씨〉라는 드라마가 있다. 이 드라마는 삶의 무게를 버티며 살아가는 아저씨 삼형제와 거칠게 살아온 한 여자가 서로를 통해 삶을 치유하게 되는 과정을 담고 있다. 고 이선균 배우와 싱어송라이터이자 배우인 아이유(본명 이지은)가 주연을 맡았다. 나는 이 드라마를 매회 빼놓지 않고 보았다. 보는 내내 가슴이 먹먹해지고 가슴이 따뜻해졌다. 때로는 너무 벅차고, 뭉클해서 눈물을 한없이 쏟기도 했다. 지금도 이 드라마의 장면을 생각하면 심장이 쿵쿵 요동친다.

이 드라마는 2003년에 MBC에서 방영한 〈네 멋대로 해라〉(양동근, 이나영 주연)에 이은 내 인생 최애 드라마다. 이들 드라마가 내 관심을 끈 것은 밑바닥 인생들 이야기를 담고 있어서다. 그들의 사는 이야기에서 사람 냄새를 맡았기 때문이다.

〈나의 아저씨〉는 감동과 재미는 물론 많은 명대사를 남겼다. 그중 하나가 "행복하자"이다.

"행복하자"라는 말은 짧고 단순하지만, 그 안에는 깊은 바람이 담겨 있다. 우리는 종종 행복을 먼 곳에서 찾아 헤맨다. 하지만 행복이란 사실 내 손안에 작은 온기로 머물러 있는지도 모른다. 가끔은 그 온기를 잊고, 바쁘게 달리느라 지나쳐버리는 순간들이 있다. 문득 멈춰 서서 둘러보면, 나를 감싸고 있는 소중한 일상과 사람들, 그리고 그 안에서 피어나는 작은 기쁨들이 마치 숨어 있던 보석처럼 빛난다.

"행복하자"는 말은 마음속에 스며드는 약속과도 같다. 힘들고 지친 날에도, 우리가 다정히 스스로를 다독이며 다짐하는 한마디. "행복하자." 그 다짐에는 화려한 무엇도 필요 없다. 작은 꽃잎 하나를 바라보며 미소 짓는 순간, 따뜻한 커피 한 잔에 손을 녹이며 느끼는 위로, 오랜 친구와의 대화 속에서 터져 나오는 웃음소리, 이 모든 것이 우리가 붙잡을 수 있는 행복이다.

오늘, 너도나도 행복하자. 불완전하게 흔들리는 어지러운 세상 속에서 작은 행복들을 찾아내고, 그 온기를 마음 깊숙이 간직하자. "행복하자"는 말이 진심으로 스며드는 순간, 우리는 그 무엇도 두렵지 않다.

별거 아니야

다 아무것도 아냐. 쪽팔린 거, 인생 망가졌다고 사람들이 수군대는 거, 다 아무것도 아냐. 행복하게 살 수 있어. 나 안 망가져. 행복하게 살 거야.

- tvN 드라마 〈나의 아저씨〉 대사 중에서

"다 아무것도 아냐"라는 말 속에는 연민과 위로가 스며 있다. 우리가 삶에서 마주하는 크고 작은 아픔들, 문득 찾아오는 불안과 걱정들, 예상치 못한 이별과 실패…. 그 순간에는 모든 게 너무 커 보이고, 견디기 어려운 무게처럼 느껴진다. 하지만 시간이 지나고, 다시금 마음을 다독여 보면 그 모든 것이 "별거 아니야"라는 한 마디로 잔잔해진다.

이 말은 무조건 괜찮다고 속이는 것이 아니다. 우리가 이 모든 걸 지나올 수 있다는 믿음이다. 누군가 내 어깨를 토닥이며 "별거 아니야"라고 속삭일 때, 마음 한쪽이 따뜻해진다. 그 한마디는 마치 흐트러진 마음을 부드럽게 감싸안는 포근한 담요처럼, 우리를 조용히 안심시킨다.

"별거 아니야." 그러니 오늘도 잠시 멈춰 서서 호흡을 가다듬자.

크고 작게 흔들리는 삶의 모든 일들이 결국에는 다 지나갈 것이고, 우리는 그 모든 과정을 지나오며 조금씩 더 단단해질 것이기에….

사는 거, 다 아무것도 아니야. 사는 거, 별거 아니야.

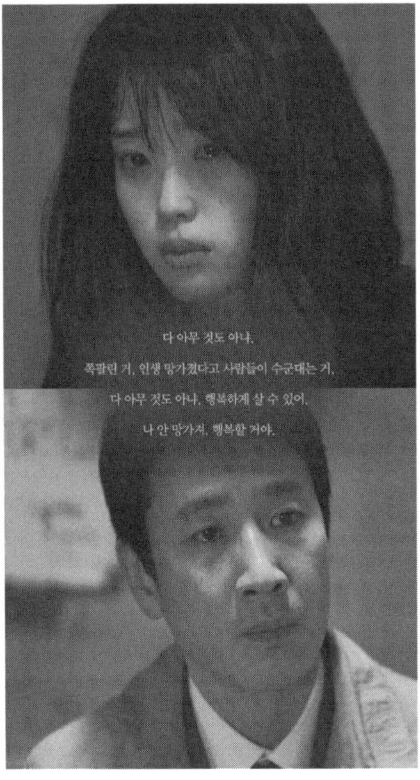

네가 울면 나도 울어

어려선 이게 울 일인지 아닌지, 뭐 때문에 우는지 뭐 알어? 옆에 사람이 울면 같이 우는 거지. 큰형이 울면, 큰일 났나 부다, 덩달아 울어. 그러다가 작은 형을 봐, 안 울어. '음, 아무 일 아니구나.' 근데 작은형이 운다? 대따 무서워. 철렁해. 큰일 났어. 피난 가야 돼. 파블로프의 개 같은 거야. 조건 반사적 반응, 길들여졌어.

- tvN 드라마 〈나의 아저씨〉 대사 중에서

네가 눈물을 흘리면, 그 눈물이 내 마음을 적셔 함께 울고 싶어진다. 그저 위로의 말만 건네는 것이 아니라, 너의 감정을 함께 짊어지고, 그 무게 속에 나 자신을 내려놓고 싶어진다.

누군가가 울고 있을 때, 옆에서 함께 울어주는 것은 단순한 감정의 동화가 아니다. 그것은 상대방의 아픔을 온전히 이해하려는, 그 아픔을 나의 일부로 받아들이려는 진심에서 비롯된다. 내 눈물이 너의 상처를 대신 치유할 순 없겠지만, 너 혼자만의 슬픔이 아니라고, 이 순간만큼은 함께한다고 말하고 싶어진다.

"네가 울면 나도 울어." 이 말은 곧, 네가 행복해지기를 바라는 진심 어린 기도이자, 함께 어두운 밤을 건너기 위한 다짐이다. 그러니, 네가 울 때 주저하지 말아줘. 나도 울며 너와 함께할 테니까.

길들여진다는 것

우선 내게서 좀 멀어져서 앉아 있어. 그럼 난 너를 곁눈질해 볼 거야. 넌 아무 말도 하지 마. 말은 오해를 일으키기 마련이니까. 그리고 날마다 넌 조금씩 더 가까이 다가앉을 수 있게 되고 내 곁에까지 왔을 무렵에는 내가 길들여져 있을 거야.

- 앙투안 드 생텍쥐페리의 《어린 왕자》 중에서

길들여진다는 것은 그저 익숙해지는 것이 아니다. 그것은 서로의 마음에 작은 흔적을 남기고, 상처를 부드럽게 감싸는 과정이다. 길들여진다는 것은 한 사람이 다른 사람의 삶에 깊이 뿌리내리는 것이다. 길들여지면, 매일 곁에 있던 사소한 모습들이 하나하나 특별해지고, 그저 지나쳤을 순간들이 기억 속에 스며든다. 그들이 떠오르면 미소가 번지고, 때로는 이유 없는 그리움이 마음을 물들인다.

사랑은 그 길들여짐 속에서 서서히 자라난다. 사랑이란 거창한 사건이 아닌, 서로에게 익숙해지는 과정이다. 아침 햇살에 눈을 뜨면 떠오르는 첫 생각, 저녁이 되어도 사라지지 않는 따뜻한 여운. 누군가에게 길들여진다는 것은 그 사람의 작은 말투, 무심한 몸짓 하나까지 내 안에 자리 잡는 것이다. 그렇게 우리는 서로를 길들여가며, 어느새 그들 없이는 살 수 없는 세상을 만든다.

그러니 사랑은, 결국 길들여지는 것이다. 서로의 삶에 스며들어 매일을 함께 쌓아가는 것이다. 길들여진 이 관계 속에서 우리는 따스한 안정감을 찾고, 사랑이라는 이름 아래 서로를 받아들이고, 매일을 더 깊게 살아간다. 길들여진다는 것은 그 사람을 내 삶의 일부로 받아들이고, 나 또한 그 사람의 일부가 되는 것이다.

"'길들인다'는 게 무슨 뜻이야?"
"다들 잊어버린 건데, '관계를 만든다'는 뜻이지."

미안함에 대하여

미안함은 마음 깊은 곳에서 피어나는 감정이다. 그 감정은 사람 사이의 관계를 이어주는 다리이기도 하다. 누군가에게 미안한 마음이 든다는 것은, 상대를 이해하고 배려하려는 마음이 내 안에 있다는 뜻이다. 미안함은 내가 누군가의 마음을 다치게 하거나, 그 사람이 기대한 것에 미치지 못했을 때 찾아온다. 그 감정은 우리를 낮추고, 마음을 부드럽게 만들어준다.

미안함은 스스로를 돌아보게 만든다. 그것은 나의 말과 행동을 다시금 생각하게 하고, 다음에는 더 나은 사람이 되려고 다짐하게 만든다. 미안함이란 단지 잘못에 대한 후회가 아니라, 그 잘못을 통해 스스로를 성장시키고, 상대에게 조금 더 다가가고자 하는 마음이다. 누군가에게 미안한 마음을 가질 때, 우리는 조금 더 성숙한 사람이 되어간다.

그러나 미안하다는 말을 전하는 일이 쉽지 않다. 미안함을 인정하는 순간, 우리는 자신이 불완전하다는 사실을 받아들여야 한다. 하지만 그 고백을 통해 우리는 상대방에게 진심을 전하고, 다시 관계를 이어갈 수 있는 기회를 얻는다. 미안함은 부끄러운 감정이 아니라, 용기 있는 마음이다.

미안함은 두 사람 사이의 거리를 좁혀주는 따뜻한 손길이다. 진심 어린 사과는 아픔을 감싸주고, 그 순간에 다시금 서로를 이해하고 보듬을 수 있게 해준다. 미안함이 없다면 우리는 스스로를 돌아보지 못하고, 관계는 점점 삐걱거리게 될 것이다. 그래서 미안함은 결코 작거나 사소한 감정이 아니다. 그것은 우리를 서로 연결하고, 더 나은 내일로 이끌어주는 작은 다리와도 같다.

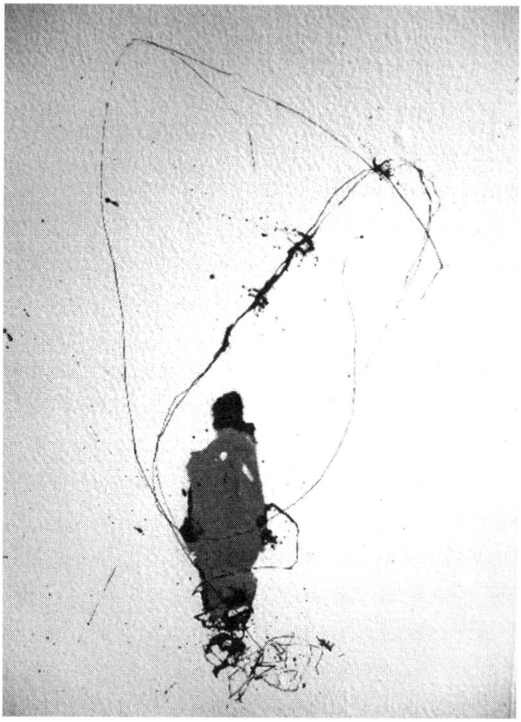

길 위의 작은 생명에게

어두운 밤길을 달리던 중이었어. 차를 멈추기엔 너무 늦은 순간이었지. 그 순간 나는 너무나 무력했고, 그저 눈을 질끈 감을 수밖에 없었어. 그리고 네가 길 위에 그대로 멈췄을 거란 걸 알았어. 나는 핸들을 움켜쥔 채 한참을 멍하니 있었어. 지금 어디로 갔을까, 무슨 생각을 하고 있었을까, 그 작은 몸이 세상에서 사라져가는 순간에도 아무런 말도 하지 못했다는 게 너무 미안했어.

길 위에서 우리는 서로 다르게 태어났고, 다른 방향을 바라보며 살아가지만, 결국 함께 이 땅을 공유하는 생명들이었어. 한순간이라도 내가 주의를 조금 더 기울였더라면, 네가 내 앞에 있었음을 알았더라면, 너와 나는 각자의 길을 걸으며 살아갈 수 있었을 텐데…. 너는 그저 너의 방식대로, 너의 시간을 따라 길을 걷고 있었을 뿐이었는데, 내가 그 길을 가로막아버리고 말았어.

아직도 네 작은 흔적이 길 위에 남아 있을지도 몰라서 나는 그 길을 지나치면서도 고개를 돌릴 수밖에 없었지. 미안함에, 슬픔에 네가 있던 자리조차 똑바로 바라보지 못하는 내가 너무 부끄러워. 이제야 너의 자리와 너의 세상을 생각하며 너를 애도해.

다음 생에는, 네가 짧은 생을 마감한 그곳에서, 더 넓고 안전한 곳에서, 자유롭게 뛰어놀 수 있기를…. 나와 같은 인간이 다시는 너의 길을 가로막지 않기를….

화내지 않고 사는 법

화내지 않고 긴 시간을 잘도 버텼는데, 화를 내고 말았다. 내 일이 아닌 남의 일 수습해 주느라. 늘 그렇지만 화내고 나면 마음이 괴롭다. 그 괴로운 게 화를 내는 것보다 더 힘들어서 그간 참고 또 참았는데, 순간 폭발하고 말았다. 화내지 않고 사는 법을 더 배워야 하나 보다.

화가 날 때 마음속에서 불꽃이 피어오르는 듯한 느낌이 든다. 그 불꽃은 작고 조용하게 타오르다 점차 몸을 휘감아 속을 태우고, 어느새 겉으로 번져 나올 듯이 커진다. 화는 참기도 어렵지만 그 감정 속에는 말로 다 하지 못한 상처와 억울함이 겹겹이 쌓여 있다. 화가 날 때면 그 억눌린 감정들이 세상 밖으로 나와 내 이야기를 들어달라고, 알아달라고 아우성치는 것만 같다.

화가 난다는 건 사실, 내 마음의 깊은 곳에서 무언가 소중한 것이 지켜지지 않았음을 의미하는지도 모른다. 누군가가 나를 오해했거나, 내가 소중하게 여겼던 가치를 누군가 함부로 다루었을 때, 그때의 화는 단순한 짜증을 넘어서 나를 지키고자 하는 의지로 번진다. 그러나 그 화를 마주하는 건 쉽지 않다. 그 불꽃이 타오를 때 어쩌면 자신에게조차 숨기고 싶은 속마음을 마주하기 때문이다.

화는 누구에게나 자연스러운 감정이지만, 그 감정에 휘둘리지 않고 스스로 조절하는 힘이 있어야 삶의 질이 높아진다. 화를 내지 않고 사는 것은 쉽지 않지만, 조금씩 연습하면 마음이 한결 가벼워질 수 있다.

화를 내지 않는 것은 결국 나 자신을 아끼는 법이기도 하다. 화는 에너지를 소비하고 나를 지치게 만든다. 조금씩 화를 다스리는 연습을 하다 보면, 삶 속에서 작은 일에도 화가 나지 않고 오히려 마음의 여유를 갖게 된다.

화내지 않고 사는 삶은 평화롭고 고요하다. 내가 할 수 있는 것은 감정을 억누르거나 숨기는 것이 아니라, 마음을 다독여 평온을 유지하는 것이다. 하루하루를 이렇게 살아가다 보면, 어느새 화를 낼 필요가 없는 고요하고 너그러운 자신을 만나게 되겠지.

참회에 대하여

참회는 마음을 깊이 들여다보고 진실을 마주하는 일이다. 과거의 실수와 잘못을 인정하고, 그로 인해 상처받은 사람과 자신에게 용서를 구하는 과정이다. 참회는 단순히 후회를 넘어, 그 후회를 통해 더 나은 사람이 되고자 하는 진지한 다짐이다.

참회의 길은 쉬운 일이 아니다. 잘못을 인정하는 것부터 어렵고, 그로 인해 상처 입은 이들을 떠올리는 일도 고통스럽다. 하지만 그 길을 마주할 용기가 있다면, 우리는 비로소 스스로를 정화하고 치유할 수 있는 시작점에 서게 된다. 참회는 그저 죄책감에 머무르지 않고, 그로 인해 더 나은 삶을 선택하겠다는 결심이자 다짐이다.

참회의 과정에서 우리는 스스로를 더 깊이 이해하게 된다. 왜 그때 그런 선택을 했는지, 무엇이 나를 그 길로 이끌었는지 되돌아보며 자신을 알아간다. 그리고 그 과정을 통해 우리는 더 단단해지고, 더 넓은 마음을 가진 사람이 되어간다. 참회는 우리에게 더 진실하고 성숙한 내면을 선사한다.

참회는 또한 타인에게 다가가게 만든다. 나의 잘못을 인정하고, 그로 인해 상처 입은 이들과 다시 마주하며 관계를 회복하고자 하는 노력은 우리의 인간관계를 더욱 깊게 만들어 준다. 잘못을 인정하는 겸손한 마음은 상대방에게도 닿아 서로를 이해하고 용서할 기회를 준다. 참회는 결국, 관계의 회복을 위한 첫걸음이다.

참회는 고통스럽지만 동시에 우리를 성장하게 만드는 귀한 과정이다. 그 속에서 우리는 잘못을 인정하는 겸허함과 더 나아지려는 강한 다짐을 배우며, 삶의 무게를 조금씩 덜어낸다. 참회를 통해 우리는 더욱 성숙해지고, 마음의 평화를 얻어갈 수 있는 길을 찾게 된다.

SNS 피로감

SNS 피로감은 우리의 일상에 깊숙이 스며든 보이지 않는 무게와도 같다. 우리는 매일 새로운 정보, 누군가의 성공과 행복, 각양각색의 소식을 손쉽게 접한다. 누군가는 오늘도 멋진 여행지를 자랑하고, 또 누군가는 매일 성장하는 모습을 공유한다. 이를 보며 우리는 자신도 모르게 비교하고, 뒤처지고 있다는 느낌에 사로잡힌다.

SNS가 소통의 장이라지만 그 속에서는 우리는 고립된 감정을 느낀다. 끊임없는 알림과 스크롤에 우리의 마음은 지쳐가고, 어느 순간 우리는 진정한 소통을 잃어간다. 피곤해도 습관처럼 SNS를 켜게 되고, 그곳에서의 시각적 자극은 짧은 흥미를 주지만 지속적인 만족감을 채워주지는 못한다. 오히려 더 큰 공허함을 느끼게 할 뿐이다.

가끔은 잠시 휴식이 필요하다. SNS를 끄고, 나만의 시간을 가져보는 것. 다른 사람의 시선에서 벗어나 진정으로 내가 원하는 것이 무엇인지 돌아보는 순간이야말로, SNS 피로감을 해소하는 길이 될 것이다.

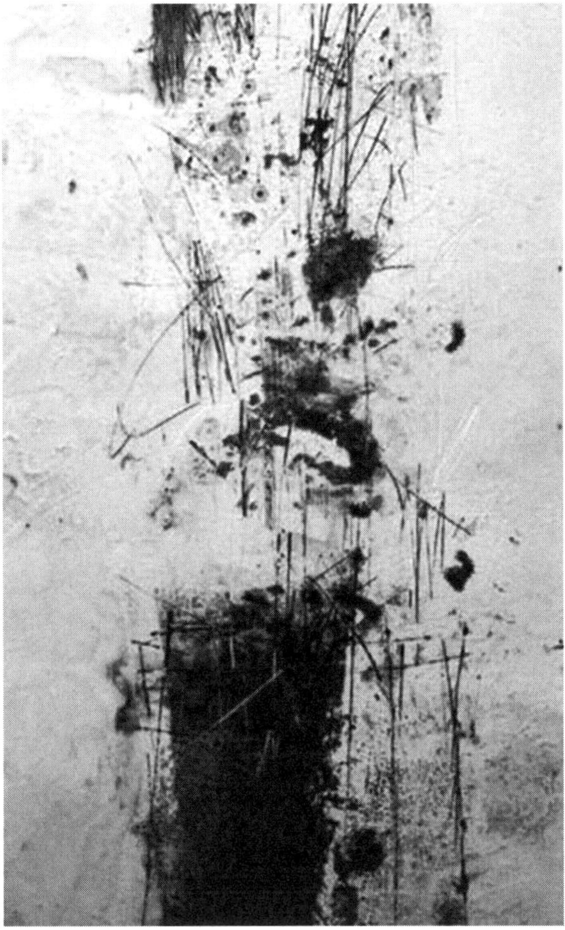

노스텔지어

사람들에게는 추억보다 더 진한 그리움이 있다. 그것은 지금의 나를 제 자리에 서 있도록 받쳐 주는 비빌 언덕 같은 무언가다. 나는 그것을 '노스텔지어'라고 이름 붙인다.

노스텔지어는 시간을 거슬러 되돌아가고 싶은 마음을 담은 감정이다. 그것은 지나간 시간 속에 여전히 남아 있는 잔잔한 그리움이다. 우리는 살면서 수많은 순간을 보내지만, 어느 날 문득 그 순간들이 아련하게 떠오를 때가 있다. 그때 우리는 노스텔지어라는 감정에 잠기게 된다.

노스텔지어는 단순한 추억이 아니다. 그것은 그 순간을 살아낸 나 자신을 기억하는 일이다. 어린 시절 뛰놀던 골목길, 친구들과 함께 웃고 떠들던 교실, 사랑했던 사람과의 첫 만남처럼, 그때의 나는 지금과 다를지 모르지만, 그 시간 속에 스며든 감정들은 여전히 내 안에 남아 있다. 노스텔지어는 그 시절의 내가 살아 있었음을 깨닫게 해주고, 그 순간의 내 모습에 다시금 애틋함을 느끼게 한다.

하지만 노스텔지어는 단지 과거에 갇힌 감정은 아니다. 오히려 그 시절이 있었기에 지금의 내가 있다는 사실을 상기시키며, 지금 이 순간을 더 소중히 여기게 만든다. 그리운 기억은 현재를 살게 하

는 힘이 되기도 한다. 노스텔지어가 주는 그 감정 속에서, 우리는 앞으로 나아갈 용기를 얻고, 인생의 순간들을 조금 더 진심으로 맞이하게 된다.

노스텔지어는 시간이 흘러도 변하지 않는 우리의 기억이다. 그것은 오래된 사진처럼 빛이 바래도 마음속 깊은 곳에서 여전히 선명하게 남아 우리를 따뜻하게 감싸준다.

3부

바다에 잠든 그 이름

저 멀리 수평선 너머, 그는 여전히 바다와 하나 되어 출렁이고 있을까.
바람은 그의 목소리를, 소금기는 그의 눈빛을 대신해 나에게 속삭인다.

고마운 사람, 그리운 사람,
그리고 미안함 마음을 담은 글을 실었다.

꽃과 사람

꽃은 피어나고, 시들고, 다시 흙으로 돌아가는 생의 순환을 품고 있다. 사람의 삶 또한 이와 별반 다르지 않다. 꽃이 피는 순간을 우리는 아름답다고 느끼고, 때로는 그 생명의 덧없음에 마음이 아려온다. 사람의 인생 역시 그러하다.

꽃은 피기 위해 극복해야 할 시련이 많다. 겨울의 혹독한 추위 속에서도 뿌리를 내리고, 찬란히 피어나기 위해 인내하며 기다린다. 사람도 마찬가지다. 어려움을 견디며 스스로를 단단하게 하고, 때가 되면 비로소 자신의 빛을 드러낸다.

그러나 꽃은 피는 순간만을 위해 존재하지 않는다. 그 잎과 가지는 다양한 생명체들에게 쉼터와 자양분을 제공하고, 피어난 뒤에는 열매를 남겨 다음 세대를 위한 씨앗을 전한다. 사람 또한 자신의 행복만을 위해 살아가는 것이 아니라, 서로에게 기대어 위로하며, 남겨질 이들을 위해 삶의 흔적을 남긴다.

때로는 꽃을 보며 그 아름다움을 사랑하고, 때로는 꽃이 시들어가는 모습을 보며 우리 역시 덧없는 삶의 한 조각임을 깨닫는다. 그렇기에 꽃과 사람은 서로 닮았다. 둘 다 그 순간에 최선을 다하고, 결국에는 한 줌의 흙으로 돌아가는 존재.

그러니 오늘도 꽃처럼 피어나고, 사람답게 살아가자.

존재한다는 것

빛이 없다면 색(色)을 구별할 수 없으리라. 오늘도 색색의 사물을 각인(刻印)하며 존재를 확인한다. 존재는 스스로 있기보다 누군가의 인식에 의해 좌우되는 법. 오늘도 나는 존재하기 위해 누군가의 기억 속에 각인의 그물을 놓는다.

아둔 형

그에게서 전화가 왔다. 그는 몇 안 되는 말 통하고 맘 통하는 사람 중 하나다. 그를 만나면 사는 얘기며, 세상 돌아가는 얘기며, 문학 얘기며, 사랑 얘기를 한없이 나눈다. 잔이 오가고 취기가 제법 오를 즈음이면 말도 안 되는 온갖 가십거리도 안주 삼는다.

나는 그를 좋아한다. 그를 만나면 기분이 좋아진다. 그도 나를 좋아한단다. 나를 만나면 기분이 좋아진단다.

살면서 누굴 만나는 게 이렇게 좋아져 본 적이 별로 없다. 그런데 그와 함께 있으면 말문이 트이고 맘이 커진다. 아마 서로 먹은 맘이 없어서 그런 거겠지.

좋은 벗 하나, 오늘 내 아침에 단비를 내려주네.

시울 선생

아침에 눈 뜨자마자 생각나는 얼굴이 있더군. 나보다 더 낯가림이 심한 그. 그가 먼저 연락할 리는 만무하고, "아쉬운 놈이 우물 판다"고 보고 싶은 마음에 먼저 연락했지. 가끔 들르는 밥집에서 점심을 같이하고 그의 출판사에 들러 두어 시간 정도 수다를 떨었지. 이런저런 얘기를 나누는 데 그가 그러더군. 내 상태를 보니 '갱년기' 증세 같다고. 한 번도 그런 생각해 본 적이 없는데 그 얘길 들으니 그런 것 같기도 하고 아닌 것 같기도 하고 기분이 참 묘했어.

그를 만나면 늘 비슷한 주제로 대화를 나누는데 오늘은 특별한 얘기도 나누었어. 폼나게 표현하면, 노스텔지어? 아무튼 어릴 적 아련한 추억 같은 거 말이야. 가슴 속에 묻어 두고 가끔 꺼내보는 그런 거 말이지. 그에게도 나처럼 그런 게 있더군. 그가 시 한 편을 선물했어. 그 시절의 아련한 추억을 노래한 거래.

들에 나가 씀바귀를 캤다/ 씁쓸한 뿌리에서 단내가 났다// 인생의 쓴맛을 아는 사람은/ 쓴맛 속의 단맛을 안다/ 씀바귀 같은 사랑을 안다/ 산으로도 오르지 못하고/ 꽃으로도 기억되지 못하는/ 지나간 사랑의 아픔을 안다// 다시 들녘에 나가리라/ 모진 겨울 견뎌낸 네 가슴에/

오래 묵혀둔 촉수를 뻗어/ 깊이 뿌리를 내리리라/ 달고도 쓴 사랑을 하리라.

-〈씀바귀〉

집으로 돌아오는 발걸음이 가벼웠어. 몇 달 만에 벗의 얼굴을 보아서 그랬겠지?

바다에 잠든 그 이름

북위 03도 03분, 서경 106도 30분. 남동생이 실종된 위치다. 지독하게 가난했던 시절, 탈출구를 찾아 헤매던 그가 마지막으로 선택한 일이 모두와의 이별이 될 줄 아무도 몰랐다. '실종'이라는 단어를 믿고, 그리워도 내색하지 않으며 참고 살았다. 어딘가에 살아있겠지 하며 위안하며 살았다. 그리고 30년이 지난 어느 날, 법원에 그의 사망 신고를 했다. 법원으로부터 종결되었다는 소식을 듣던 날, 실낱 같던 희망도 함께 사망했다.

자식을 먼저 보낸 어머니의 슬픔이 얼마나 큰지 알기에 티 내지 않으려 애썼다. 무의식중에라도 그의 이름이 입에서 튀어나올까 봐 조심했다. 그러나 이젠 어머니와 형제들이 함께 그의 이름을 부르며 그를 추억한다. 먼저 떠난 그를 함께 그리워한다.

마지막으로 본 그의 모습은 남태평양의 거친 바다를 향해 힘껏 손을 흔들던 날이었다. 그때 나는 바람이 그의 뒷모습을 밀어내고 있다는 걸 알지 못했다. 두 달이 지나고서야, 바다가 그를 놓아주지 않았음을 깨달았다. '바다에서 실종되었다'는 짧은 한마디로, 그 거대한 푸른 어둠 속에 사라져 버렸다.

바다는 그의 이름을 삼켰고, 파도는 그의 흔적을 지워버렸다. 어쩌면 그는 파도가 되어 끝없이 밀려오고 있을지도 모른다. 저 멀리 수평선 너머, 그는 여전히 바다와 하나 되어 출렁이고 있을까. 바람은 그의 목소리를, 소금기는 그의 눈빛을 대신해 나에게 속삭인다. 밤마다 바다는 그의 이름을 불러주길 거부하지만, 나는 그를 그 이름으로 기억한다.

바다에 잠든 그는 여전히 내 곁을 스친다. 아침마다 닿는 물안개 속에서, 저녁노을이 바다를 감싸는 순간마다 그는 모습을 드러낸다. 그의 부재는 선명한 허공으로 나를 감싼 채, 그리움이 짠 내음처럼 내 심장에 스며들고 있다.

아내의 편지

나의 가장 친한 친구이자 내 편인 당신에게 오랜만에 편지를 쓰네요. 지난해 수고 많았어요.

직장생활을 하며 장군이의 마지막을 같이 해주고, 무엇보다도 목회를 위한 경제활동이었던 것을 알기에 많이 힘들었던 것 압니다.

긴 세월을 같이 살았어요. 나의 게으름을, 나의 부족함을, 그리고 나의 이기심을 참아주고 받아 준 당신, 고맙습니다.

장군이가 무지개다리를 건너면서 생긴 그 빈 공간, 그 허허로움을 당신이 없었다면 어떻게 견뎌냈을까요. 아직도 사실 장군이의 소리를 듣습니다.

새로운 일을 시작했는데 큰 힘이 되어주지 못해 미안합니다. 그러나 잘 해내고 있어 안심됩니다. 어차피 우리 삶에는 물질이라는 복이 없는 게 나으니, 이 정도에 만족하면서 살아보겠습니다.

힘든 하루, 지친 일상에서도 나의 이야기에 귀 기울여 주며 반응해 준 것, 고맙습니다.

당신이어서 다행입니다. 올 한 해 많이 감사했습니다.

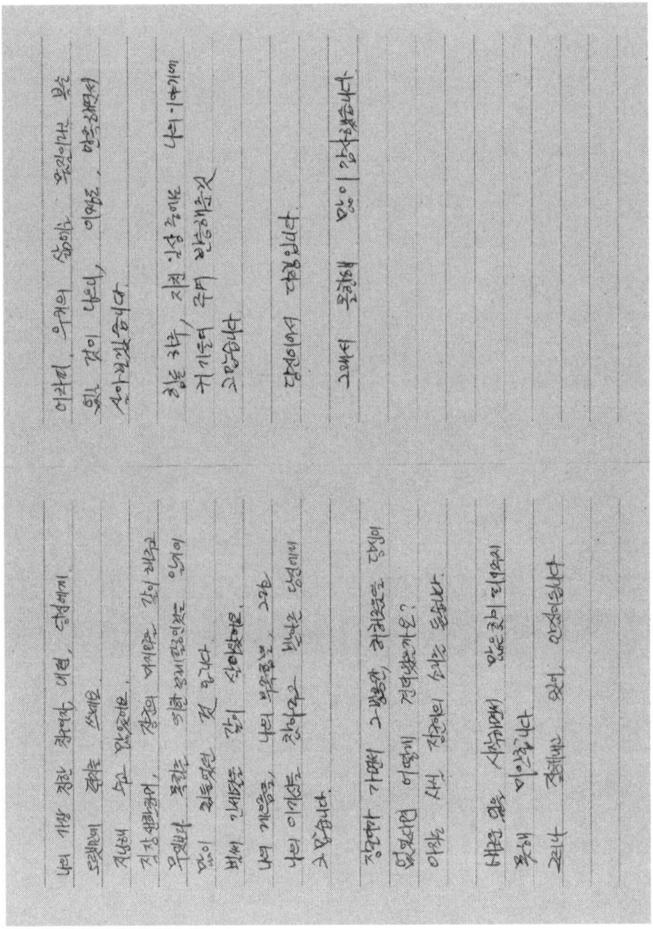
나의 가장 친한 친구이자, 내편, 당신에게.
오랫만에 편지를 쓰네요.
지난해 수고 많았어요.
직장 생활하며, 장군의 마지막을 같이 해주고
무엇보다 똑같은 [illegible] 일거리
많이 힘들었던 것 압니다.
벌써 긴 세월을 같이 살았어요.
나의 게으름을, 나의 부족함을, 그리고
나의 이기심을 참아주고 받아준 당신에게
고맙습니다.

장군이가 가면서 그 빈공간, 허허로움을 당신이
없었다면 어떻게 견뎌냈을까요?
아직도 사실, 장군이의 소리를 듣습니다.

새로운 일을 시작하면서 많은 힘이 되어주지
못해 미안합니다.
그러나 잘해내고 있어, 안심이 됩니다

어려워도, 우리의 삶에는 욕심이라는 부분
없는 것이 낫으니, 이정도, 만족하면서
살아보겠습니다.

힘든 하루, 지친 일상 중에도 나의 이야기에
귀 기울여 주며 반응해준 것
고맙습니다.

당신이어서 다행입니다.

그래서 올해 많이 감사했습니다.

정현에게

네가 처음 내게 다가왔던 순간이 아직도 생생해. 그저 스쳐 지나갈 인연일 줄 알았던 너와 내가, 이렇게 서로의 깊은 안식처가 될 줄은 미처 몰랐어. 세상은 바쁘게 돌아가고 우리 삶은 늘 어딘가로 끌려가는 것만 같았지만, 너와 함께 있을 때면 그런 걱정들은 잠시 잊혀지곤 했어. 마치 숨을 고르는 듯한, 깊고 잔잔한 쉼 속에 빠져드는 느낌이었지.

너와 나는 속 깊은 이야기를 자주 나누지 않았어. 그저 바라보고, 웃고, 가끔은 침묵 속에 머물렀지. 그 조용한 시간이 우리에게 어떤 의미였는지, 다른 사람들은 알 수 없을지도 몰라. 하지만 나는 알아. 말없이도 서로의 존재만으로 위로가 될 수 있다는 걸. 네가 내 곁에 있다는 사실 하나로도 내 마음은 든든해졌어.

사는 게 복잡하게 느껴지고, 불안함이 짙어질 때면 내가 갈 곳은 결국 너의 곁이었어. 함께 웃고 울었던 모든 순간이 지금의 나를 만들어준 거야. 네가 없었다면, 나는 결코 지금의 나로 설 수 없었을 거야.

고마워, 너의 따뜻한 온기로 나를 감싸주어서. 내 부족한 모습까지도 기꺼이 받아주고, 내 고단한 하루 끝에 늘 그 자리에 있어 주어서. 언제나 내 마음속에 네가 구원(救援)처럼 존재하는 걸 알았으면 좋겠어.

세월이 흘러 우리의 모습이 조금씩 달라진다 해도, 나의 벗이자 아내인 너는 언제나 내 가슴속에 영원히 머물러 있을 거야.

위로에 대하여

상처받은 누군가를 보듬어 주는 순간, 우리는 그 사람의 아픔 속에서 자신을 본다. 그의 눈 속에 담긴 고통이 마치 오래된 거울처럼 우리의 내면을 비춘다. 어딘가 모르게 닮은 상처, 자신조차 숨기고 싶었던 감정의 흔적이 그의 한숨 속에서 되살아난다. 그래서 우리는 그를 안아주며, 그 손을 잡으며, 사실은 우리 스스로를 치유하고 있는지도 모른다.

위로는 단지 따뜻한 말 몇 마디가 아니라, 그 사람의 고통 속에서 나의 상처를 다시 마주하고, 함께 아파하며 흘리는 눈물이다. 누군가의 상처를 보듬어줄 때 우리는 비로소 자신이 얼마나 연약한지, 그리고 그 연약함 속에서 얼마나 단단해질 수 있는지를 깨닫는다. 그의 아픔을 이해하고, 그를 품에 안으면서 우리는 조금씩 자신을 치유해 나간다.

때로는 그가 아니라 내 손이 떨리고, 그의 눈물이 아니라 나의 눈물이 먼저 흐르기도 한다. 그렇게 우리는 서로의 상처 속에서 치유의 길을 발견한다. 그의 아픔을 어루만지며 나의 아픔도 사라지는, 그 따뜻한 연결 속에서 우리는 마침내 서로를 구원한다.

그가 내민 손은 결국 내 자신을 위한 손이었고, 그를 보듬는 일이 곧 나를 보듬는 길임을 깨달은 순간, 우리는 고요하고도 깊은 평화를 느낀다.

사랑이 눈을 가리면

사랑이 눈을 가리면, 우리는 세상을 다르게 보게 된다. 사랑하는 사람의 작은 미소, 말 한마디에 세상이 달라 보이고, 그 사람을 중심으로 모든 것이 빙글빙글 돌아가는 듯한 착각에 빠지게 된다. 사랑에 빠진 눈은 세상의 모난 부분을 부드럽게 다듬어주고, 현실의 무게를 잠시 잊게 한다. 그 눈앞에는 사랑하는 사람의 존재만이 가득하고, 그 사람을 향한 감정만이 강렬하게 남는다.

하지만 사랑이 눈을 가리면 때로는 그 이면의 진실을 놓치기도 한다. 그 사람의 단점이나 연약함조차도 아름답게 보이기에, 우리는 쉽게 이상적인 이미지에 빠져들고, 현실보다 환상을 더 믿고 싶어진다. 사랑이 커질수록, 우리는 그 사람이 내 세계의 중심이라 느끼며, 다른 모든 것들이 흐려져 버리기도 한다. 사랑이 가리는 눈은 때로 우리를 객관적인 판단에서 멀어지게 만들고, 쉽게 상처받고 기대하게 만든다.

그럼에도 사랑이 눈을 가리는 것은 때론 우리를 더 깊고 진실된 관계로 이끌기도 한다. 그 사람만을 바라보며 전하는 마음, 서로를 향한 따뜻한 애정 속에서 우리는 조금 더 너그럽고, 인내심 많은 사람이 되어 간다. 그 사랑 속에서 함께 울고 웃으며, 인간의 가장 깊은 감정을 온전히 경험할 수 있다.

사랑이 눈을 가리는 것은 결코 나쁜 일이 아니다. 그 덕분에 우리는 세상을 다르게 바라볼 수 있는 특별한 시선을 얻는다. 다만, 사랑의 눈을 통해 상대를 온전히 바라볼 때, 우리는 더 넓은 시선으로 서로의 모든 면을 이해하게 된다.

슬픔이 눈을 가리면

슬픔이 눈을 가리면 세상이 흐릿해진다. 평소엔 선명하던 빛도, 눈부시던 색감도 슬픔에 물들어 어두워진다. 슬픔은 우리의 마음을 깊은 안개 속으로 끌어당기며, 모든 것을 느리고 무겁게 만들어 버린다. 일상적인 말도, 한 걸음의 발걸음도 우리를 금세 지치게 한다. 슬픔이 눈을 가리면, 우리가 보던 세상은 그 모습 그대로가 아니다.

슬픔은 누구에게나 찾아오는 감정이지만, 그 무게와 방식은 각자 다르다. 때로는 사랑하는 이를 잃고, 때로는 이루지 못한 꿈을 마주하며 찾아오는 슬픔이 있다. 그것은 천천히 번져 나가 눈앞의 모든 것을 가리고, 그 안에서 벗어나는 일이란 쉽지 않다. 하지만 그 슬픔 속에서 머물다 보면, 우리는 언젠가 그 너머의 빛을 찾아가는 길을 발견하게 된다.

슬픔이 눈을 가릴 때, 우리는 오히려 내면을 더 깊이 들여다보게 된다. 아프고 쓰라린 마음을 가만히 들여다보며, 그 안에 숨겨져 있던 감정들을 하나씩 마주하게 된다. 그렇게 슬픔을 통과할 때, 우리는 슬픔에 갇힌 채로 멈추는 대신, 그 슬픔을 받아들이고 이해하며 조금씩 나아갈 힘을 얻는다.

슬픔이 눈을 가린다는 것은 잠시 세상이 흐려진다는 뜻이다. 하지만 그 안개가 걷히고 나면, 우리는 그 슬픔을 통해 더 단단해지고 깊어진 자신을 마주하게 될 것이다. 슬픔이 가린 눈 너머로 다시 세상이 보일 때, 그때의 우리는 조금 더 성숙해진 마음으로 빛나는 세상을 바라볼 수 있을 것이다.

그리운 사람 하나

10년 넘게 내 책장 한 귀퉁이를 차지하고 있는 낡은 사진 한 장이 있다. 색 바래고 세월의 먼지가 뿌옇게 쌓인 사진이다. 그가 세상을 떠난 지도 어느새 15년이나 되었다. 내가 꿈꾸던 세상과 같은 세상을 꿈꾸었던 그. 공평의 정의가 살아있는 '사람 사는 세상'을 꿈꾸었던 그. 그는 별이 되어 내 신념의 길잡이가 되었다.

시간은 흐르고 세상은 많이 변했지만, 그를 향한 그리움은 더 깊어만 간다. 그를 생각하면 그가 남긴 흔적들이 떠오른다. 흔들리지 않는 신념으로, 낮은 곳을 바라보며 사람을 품으려 했던 그. 그의 정치가 그토록 뜨겁고 아팠던 까닭은 아마도 '사람 사는 세상'을 꿈꾸었기 때문이었을 게다. 그는 모두에게 사랑받지는 못했지만, 누구보다 인간적이었고 진실했다. 고단하고 위태로운 길을 걷는 동안에도 스스로를 속이지 않고, 눈앞에 보이는 길을 정직하게 걸어갔다. 그 길이 외롭고 힘든 길이라는 걸 알면서도, 기꺼이 그 길을 선택했다. 그리고 그 선택은 결국 내 가슴에 그리움으로 남게 되었다.

혼돈을 겪고 있는 지금의 현실을 볼 때마다 그가 그립다. 정의롭고 따뜻한 세상을 만들기 위해 몸을 아끼지 않던 그의 마음이, 지금 우리에게도 여전히 필요하다는 것을 새삼 깨닫는다. 그가 떠난 그 자리는 여전히 비어 있고, 그 빈자리는 내 가슴 속에 오래도록 아물지 않을 상처로 남았다. 하지만 그의 진심과 그가 전한 꿈은 내 안에서 자라나고 있다. 그가 그리운 날엔 그의 말을 떠올리며 다시금 마음을 다잡는다.

"깨어있는 시민의 조직된 힘이 민주주의의 최후의 보루다." 그가 남긴 이 한마디는 그리움 속에서도 여전히 나침반처럼 나를 이끈다.

에덴의 동쪽

에덴은 낙원이며, 모든 게 있어야 할 자리에 있는 마땅한 상태를 일컫는다. 그곳은 하느님의 평화와 호의가 모든 것에 머무는 곳이다. 에덴의 동쪽은 아담과 이브가 선악을 알게 하는 나무의 열매를 따 먹고 하느님의 낯을 피해 간 곳이자, 최초의 살인('카인'이 동생 '아벨'을 돌로 쳐 죽인 사건)을 저지른 카인이 도망친 곳이기도 하다. 창세기 저자들은 '동쪽'이라는 은유를 계속 사용하면서, 인류가 큰 잘못을 저질렀고 애초부터 방향을 잘못 잡았다고 말하고 있다. 사람들이 원래 있어야 할 자리는 '에덴'인데, '에덴의 동쪽'에 있으니, 분명 잘못된 자리에 있다는 지적이다.

에덴의 동쪽은 인간의 고통과 갈등이 시작된 곳이다. 천국과 지옥이 맞닿아 있는 경계다. 한때는 평화와 순수함으로 가득했던 낙원에 머물렀지만, 이제는 그곳을 떠난 자들이 방황하는 공간이다. 에덴의 동쪽에 머무는 인간은 끝없는 선택의 순간에 맞닥뜨린다. 선과 악, 사랑과 증오, 용서와 복수 사이에서 우리는 끊임없이 갈등하며 자신을 찾아가려 한다.

존 스타인벡의 소설 《에덴의 동쪽》에서도 우리는 에덴의 동쪽에 선 인간의 고뇌와 분투를 볼 수 있다. 카인과 아벨의 신화를 재해석

한 작품에서, 인간은 절대 완전하지 않고, 자신의 약함과 마주하며 끊임없이 성장하고 넘어지기를 반복하는 모습을 보여준다.

에덴의 동쪽에 서 있는 우리는 낙원에서 평온을 잃었지만, 그 대신 자신의 의지로 선택하며 살아가는 인간이 되었다. 삶의 의미를 찾으려는 끝없는 여정 속에서, 인간은 때로는 실패하고 때로는 아파하며 조금씩 자신을 발견해 간다. 우리는 그 고통의 길 위에서 자유와 구원을 향해 걸어가며, 비로소 인간으로서의 삶을 이해하게 된다. 에덴의 동쪽에서 태어난 우리에게 완전한 평화는 없을지라도, 선택하고 책임지는 그 과정에서 진정한 자유와 인간의 의미를 찾을 수 있다.

잘못된 자리, 곧 에덴의 동쪽에 살고 있다고 해서 절망할 필요는 없다. 이곳은 이곳 나름의 사는 맛이 있다. 울고, 웃고, 부대끼고, 화해하면서, 함께 사는 재미를 맛보고 있으니까.

쇼스타코비치와 쇼팽을 만나다

지인 차에 동승했다가 클래식에 대해 한 수 배웠어. 라디오에서 흘러나오는 음악을 듣더니 쇼스타코비치 곡이라고 알려주더군. 클래식에 대해선 막귀인 내게도 익숙한 곡이길래 물어봤더니 〈왈츠 2번〉이래. 그러면서 "최고 수준의 작곡가 레벨에서 '마의 9번'을 넘긴 사람은 이 양반밖에 없다"라고 말하더군. 집에 돌아오자마자 뮤직앱 검색해서 다시 들어 보았어. 역시 좋더군. 잘 모르니 이렇게밖에 표현을 못 하겠어. 이것저것 들어보다가 쇼팽의 〈봄의 왈츠〉를 듣게 되었어. 딱 내 취향이었어. 듣는 내내 가슴이 콩닥콩닥 뛰는 게 새순에 떨어지는 봄비 같더군. 감동이었어. 괜스레 눈물도 났고.

이런 게 행복인 것을….

잊히는 게 두렵다

작년에 우연히 오랜 벗의 카카오톡 프로필을 보았다. "잊히는 게 두렵다." 이렇게 적혀 있었다. 그 글귀를 보는 순간, '그에게 무슨 일이 있나 보다.' 이런 생각이 들었다. 멀리 떨어져 있어서 얼굴 한 번 보기 힘든 처지지만, 생각날 때면 불쑥 전화해 안부를 묻기도 했다. 그 글귀를 본 날도 마음에 걸리는 게 있어서 전화했다. "잘 살고 있냐?"는 물음에 "별일 없이 잘 지내고 있다."는 말에 안심했다.

사람은 누구나 잊히는 걸 두려워한다. 그것은 단지 내 이름이 사람들의 기억 속에서 사라진다는 사실이 아니라, 내가 존재했던 흔적마저 지워질까 봐 두려운 것이다. 세상에 남긴 발자국들이 바람에 흩어지는 모래처럼 사라져 버리면, 마치 내가 이 세상에 한 번도 존재하지 않았던 것처럼 느껴질까 봐 마음이 무거운 것이다.

나도 한때는 이러한 두려움을 떨치기 위해 애썼다. 더 기억될 만한 사람이 되려고, 더 큰 성취를 이루어 남기려고, 나를 증명할 만한 것들을 쌓아가며 마음 한구석의 허전함을 달래 보려 했다. 하지만 시간이 흐를수록 깨닫게 되었다. 기억되기 위한 삶은 깊이를 잃기 쉽다는 것을….

사람은 모두 언젠가는 잊힌다. 시간이 지나면 누구나 한낱 과거가 되어버린다. 그리고 그 사실이 내게 던져준 질문이 있었다. '그렇다면 내가 진정으로 원하는 것은 무엇일까?' 답은 간단했다. 기억되기 위한 삶, 기억 속에 오래 남을 수 있는 삶을 사는 것이 아니라, 그 순간순간에 충실히 존재가 되는 것이었다. 지금 내 앞에 놓인 시간, 내 곁에 있는 사람들, 그리고 내가 이루고자 하는 작은 의미들이 있다면, 그 순간에 최선을 다하는 것이다. 그리고 그것을 사람들에게 전달하는 것이다. 때로 나를 기억하는 이들이 있으면 감사하고, 없더라도 나 스스로가 행복할 수 있는 삶을 살아가는 것이다.

잊히는 것이 두렵지 않은 건 아니다. 여전히 두렵다. 하지만 기억되기 위해 사는 것보다는, 지금 내 삶에 충실한 사람이 되는 것이 진정한 위안이 될 수 있음을 나이 오십이 넘어서야 깨닫게 된다.

잊히는 걸 두려워하던 그 친구는 그런데도 잘 살고 있다.

그 말은 좀 외로웠다

"그 말은 좀 외로웠다." 사람들 사이를 떠돌다 어느새 내 귓가에 닿은 그 말은 길을 잃고 한참을 떠돈 것 같았다. 처음엔 그저 무심히 스쳐 지나가려 했지만, 묘하게도 마음속에서 자꾸만 맴돌았다. 그 말은 가벼운 듯하면서도 어딘가 쓸쓸한 무게를 지닌 채 내 안에 조용히 스며들었다.

어쩌면 그 말 속엔 다 전하지 못한 마음이, 깊이 숨겨둔 그리움이 담겨 있었는지도 모른다. 누구에게든 닿고 싶었지만, 끝내 그 누구의 가슴에도 완전히 닿지 못한 채 흩어져 버린 말. 무심한 말처럼 던져진 것 같지만, 어쩌면 그 속에는 진심이 머물러 있었다. 누군가의 온기를 바라고 마음과 마음이 맞닿기를 소망했을 그 말이기에 그저 흘려보내기엔 마음 한편이 아렸다.

그 말이 내게 다가왔을 때, 나는 그 속에 채워지지 않은 빈 곳이 있다는 것을 느꼈다. 너무 늦게 흘러와 더 이상 머물 곳을 찾지 못한 듯한 그 말의 쓸쓸함이 내 마음을 조용히 울렸다.

그래서 나는 그 말을 조용히 내 안에 품었다. 누군가의 외로운 마음이 담긴 그 말이 헛되지 않기를 바라면서, 그리하여 그 마음이 어디엔가 닿기를 바라면서….

약속에 대하여

약속은 두 사람 사이에 놓인 보이지 않는 다리와도 같다. 그 다리는 서로를 이어주고, 신뢰와 믿음을 쌓아가는 기초가 된다. 약속은 단순히 미래의 행동을 예고하는 것이 아니라, 그 안에 담긴 진심과 책임을 나누는 일이다. 서로의 마음을 잇고 지켜주겠다는 다짐이기에, 약속이 주는 의미는 크고 깊다.

약속은 그 순간의 진심을 담아낸다. 가벼운 웃음 속에서 건네는 작은 약속부터, 두 손을 맞잡고 나누는 진지한 약속까지, 우리는 약속을 통해 서로의 마음에 닿는다. 한 번 한 약속은 쉽게 잊히지 않는다. 지키지 못할 약속이라면 차라리 하지 않는 것이 나을지도 모른다. 약속은 말보다도 더 강력한 언어이기 때문이다.

하지만 우리는 때때로 약속을 지키지 못할 때도 있다. 계획하지 못한 상황이 생기기도 하고, 여건이 변하기도 한다. 그럴 때면 약속을 지키지 못했다는 미안함이 남고, 그 미안함 속에서 우리는 약속의 소중함을 다시금 깨닫게 된다. 약속은 그 자체로도 아름답지만, 지켜질 때 더 큰 의미를 발한다. 약속을 지키는 일은 서로를 향한 배려이자 신뢰의 표현이기에 그렇다.

약속을 지켜가는 과정에서 우리는 성장한다. 서로에게 기대어 기뻠과 슬픔을 나누고, 함께 걸어가겠다는 그 다짐은 삶을 더 풍성하게 만들어준다. 약속은 우리를 묶어 두는 것이 아니라, 함께 나아갈 수 있도록 해주는 힘이다.

약속할 때마다, 그 다짐을 지켜갈 때마다, 우리는 서로의 마음에 작은 다리를 놓는다. 그 다리가 쌓이고 이어져 우리 삶의 소중한 길이 되어 간다.

마음을 먹는다는 것

사람이 살아가면서 가장 많이 먹는 것은 마음이다. 마음을 먹고, 그 마음을 소화하며 하루하루를 이어간다. 우리가 삼키는 마음속에는 기쁨과 슬픔, 희망과 두려움이 뒤섞여 있다. 눈에는 보이지 않지만, 삶의 순간마다 우리는 무수히 많은 마음을 먹고 살아간다.

때로는 누군가를 위해 참고 삼킨 미안한 마음이, 어쩌면 지나쳐 버린 고마운 마음이 우리 안에서 쌓여간다. 말로 표현할 수 없어서 속에 담아 두었던 마음들, 전하고 싶었지만 내뱉지 못한 사랑의 마음이 가슴 속에 깊이 남는다. 그런 마음들이 차곡차곡 쌓이며 우리를 무겁게도, 또 따뜻하게도 만든다.

마음을 먹는다는 것은 곧 우리가 느끼는 감정을 안고 살아간다는 뜻이다. 타인의 기대에 부응하려다 삼킨 부담감, 이루지 못한 꿈에 대한 아쉬움, 말 못 한 속마음까지도 모두 우리 안에 남아 있다. 그렇게 쌓인 마음들은 우리를 더 단단하게 하기도 하고, 때로는 지치게 하기도 한다. 그러나 그 마음들이 모여 오늘의 나를 만든다.

마음을 먹고 산다는 것은 우리가 누구보다 진솔한 자신과 마주하고 있다는 뜻이기도 하다. 그 마음들 덕분에 우리는 누군가의 아픔을 이해하고, 손을 내밀어 함께할 줄 알게 된다. 마음속에 담아 둔 감정들이 우리를 조금씩 성장하게 만드는 것이다.

사람이 살면서 제일 많이 먹는 것은 마음이다. 이 마음들이 쌓여 우리가 살아가는 이유가 되고, 오늘을 살아갈 힘이 된다. 그렇게 우리는 매일 무수한 마음을 삼키고, 내일을 위한 또 다른 마음을 준비하며 살아간다. '마음공부'를 게을리하지 말자.

사는 게 곧 기적이다

사는 게 기적이라는 사실을 우리는 종종 잊고 산다. 반복되는 일상에서 무뎌져 가고 익숙해진 환경 속에서 기적의 순간들을 지나쳐 버리기도 한다. 하지만 가끔 멈춰 서서 생각해 보면, 우리가 숨을 쉬고, 하늘을 바라보고, 누군가를 사랑할 수 있다는 그 자체가 얼마나 놀라운 일인지 새삼 깨닫게 된다.

사는 게 기적이라는 말은 단지 무언가를 이루거나 특별한 일을 경험할 때만이 아니라 평범한 순간 속에서도 그 의미가 빛난다. 아침 햇살을 맞으며 하루를 시작하는 것, 좋아하는 사람과 웃으며 대화하는 것, 저녁이 되어 따뜻한 이불 속에서 하루를 마무리하는 그 모든 순간에 기적이 숨어있다. 살아 있다는 것만으로도 우리는 수많은 가능성과 희망을 품고 있는 셈이다.

누군가는 더 큰 성공을 더 많은 성취를 기적이라 생각할지도 모르지만, 사실 기적은 평범한 하루 속에 깃들어 있다. 누군가의 따뜻한 미소, 한 모금의 시원한 물, 우연히 마주한 작은 기쁨들…. 그 모든 것이 쌓여 우리의 삶을 이룬다.

비록 크고 화려하지 않더라도 산다는 것은 그 자체로 놀라운 선물이다. 삶에는 수많은 굴곡이 있다. 때로는 불안과 고통에 잠 못

이루기도 하고 내일을 기다리는 일이 두려울 때도 있다. 그런데도 우리는 다시 일어나 다음 발걸음을 내디딘다.

우리 안에 무엇이 있기에 그렇게 살아갈 힘을 얻는 걸까? 바로 사는 게 기적이기에, 우리는 그 기적을 놓지 않으려 하루하루를 애쓰며 살아가는 것이다.

삶은 쉽게 주어지지 않으며, 매 순간이 새롭게 주어지는 기회이자 희망이다. 오늘도 우리는 그 기적을 누리며 살아가고 있다.

사는 게 기적이라는 사실을 마음에 새기며, 지금 이 순간을 소중히 여기고 감사하는 것. 그것은 우리에게 주어진 가장 큰 축복이다. 산다는 것은 곧 기적이다. 그것은 지금 내가 살아 있다는 그 자체에서 발견되는 진리다. 힘들고 지치는 순간에도, 우리가 살아가고 있다는 사실이 얼마나 경이롭고 귀한 일인지 잊지 않기를….

살아가고 있다는 건, 그 자체가 희망이자 기적이다.

4부

B급 좌파

그들이 지켜보던 푸른 하늘과 검은 바다는 끝없는 질문들로 채워져 있다. 왜 그때 구조되지 못했는지, 왜 그들은 그곳에 남겨져야 했는지…. 살아남은 자들은 대답을 듣지 못한 질문들 속에서 슬픔의 무게를 안고 하루를 시작한다.

세상이 좋아지는 일과 관련된 글,
내 성향을 담은 글을 실었다.

살아 남은 자의 슬픔 #1 - 1980년, 광주

5월의 광주는 여전히 그곳에 있다. 그날의 하늘 아래 잠든 자들과 살아남아 아픈 기억을 품고 살아가는 이들의 슬픔이 얽혀 있다. 살아남은 자들에게 5월은 푸르른 계절이 아니라, 고통의 무게에 숨조차 쉬기 어려운 시간이다. 그들의 마음속에는 사라지지 않는 무언의 외침과 빛바랜 얼굴들이 새겨져 있다.

밤마다 어둠 속에서 들려오는 소리들. 그 소리는 너무도 분명하다. 누구의 목소리인지 모를 외침과 절규, 도망치듯 숨죽이는 발걸음. 살아남은 자들은 그 기억 속에서 헤매며 다시금 그날을 맞는다. 잊을 수 없는 이들의 얼굴, 차마 손을 잡아줄 수 없었던 사람들의 이름이 어둠 속에서 속삭인다. "나를 기억해달라"고, "여기에 내가 있었다"고.

세월이 흘렀다. 새벽은 더 이상 포성이 울리지 않는 고요를 품고 있지만, 살아남은 자들은 그 고요 속에서도 쉬지 못한다. 그들에게 5월의 아침은 생존의 가책과 함께 시작된다. 자신만이 살아남았다는 죄책감, 함께하지 못한 자들에 대한 미안함, 그들을 향한 말 없이 속삭이는 애도가 마음속 깊은 곳에서부터 차오른다.

살아남은 자의 슬픔은 끝나지 않는 상처다. 매일매일 그들은 자신

에게 묻는다. “왜 내가 살아남았을까?” 이 물음에 답할 수 없기에, 그들은 그날을 증언하고 기억하며, 그 고통을 품고 산다. 이 슬픔은 역사의 무게를 지닌다. 그들의 침묵과 눈물 속에는 그날의 외침이 살아 숨 쉰다. 마치 절대 사라지지 않을 약속처럼, 결코 닿을 수 없는 그날의 푸른 하늘처럼.

5월의 광주는 살아남은 자들의 가슴 속에서 계속 울린다. 그들은 한숨처럼, 무언의 기도처럼 그날을 품고 살아간다. 그 슬픔이 진실로 이해받을 날을 기다리며, 그들은 묵묵히 자신만의 5월을, 끝없는 슬픔을 안고 다시 걸어간다.

살아 남은 자의 슬픔 #2 - 2014년, 세월호

4월의 바다, 찬란한 노란빛 속에 아스라이 스러져 간 그날의 기억이 살아남은 자들의 가슴 속에 깊은 파도로 남아 있다. 배가 기울어 가던 순간 생명은 사라졌고, 그 자리에는 차마 떠나보낼 수 없는 사랑과 죄책감만이 남았다. 살아남은 자들에게 그날은 단순한 하루가 아니라 시간의 모서리에 깊이 새겨진 상처다. 그들은 매일 그 파도 소리를 듣는다. 잊어서는 안 된다고, 기억 속에서 사라지면 안 된다고, 파도는 그들을 부른다.

그들이 지켜보던 푸른 하늘과 검은 바다는 끝없는 질문들로 채워져 있다. 왜 그때 구조되지 못했는지, 왜 그들은 그곳에 남겨져야 했는지…. 살아남은 자들은 대답을 듣지 못한 질문들 속에서 슬픔의 무게를 안고 하루를 시작한다. 그 무거운 물음은 절대 떠나지 않고 매일 아침의 햇빛 속에서도 조용한 밤의 적막 속에서도 소리 없이 스며든다.

살아남은 자의 슬픔은 단순한 그리움이 아니다. 그들은 잃어버린 이들의 얼굴을 가슴에 새기며 그날의 바람을 그날의 소리를 여전히 느낀다. 매년 봄이 돌아오고 벚꽃이 피어날 때, 그들은 다시금 4월의 바다로 돌아간다. 그 바다 한편에 남아 있을 영혼들을 기억하기 위해 살아남은 자들은 묵묵히 걸음을 이어간다.

슬픔은 그들에게 시간의 한계를 넘어 이어지는 약속이 되었다. 그 약속은 더 이상 혼자만의 것이 아니다. 그들은 이 세상을 향해 그날의 아픔을 증언하며 자신이 지닌 무언의 책임을 안고 살아간다. 세월은 흐르지만, 그들의 마음속에 세월호는 늘 그 자리에서 머물고 있다. 바람이 불고, 물결이 흐르는 한, 그들의 슬픔은 잊히지 않는 기억의 바다가 되어 영원히 존재하겠지.

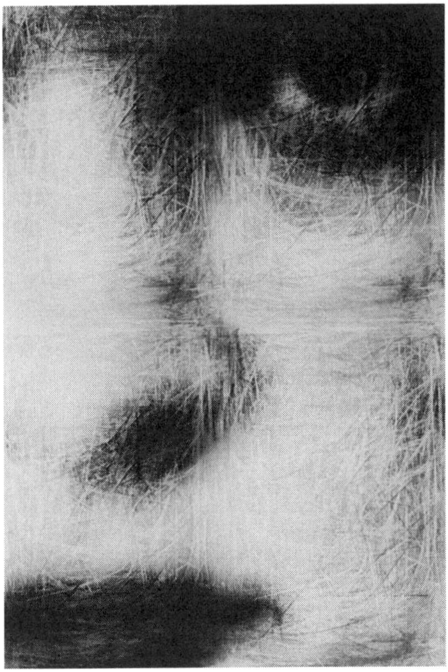

살아 남은 자의 슬픔 #3 - 2022년, 이태원

차가운 10월의 밤, 어두운 거리를 수놓은 불빛 속에서 사람들은 평범한 축제를 즐기려 했다. 그들이 품었던 기대와 설렘은 순간에 얼어붙었다. 이태원의 좁은 골목에서 들려오는 비명과 흐트러진 발걸음 속에 생명은 그 자리에서 무너져 내렸고, 고요한 도시의 불빛은 그들의 마지막을 비췄다.

살아남은 이들에게 그날은 끝나지 않는 악몽이다. 그들은 여전히 어두운 골목의 비좁은 공간 속에서 숨 쉴 틈 없이 흔들리던 순간을 기억하며 깨어난다. 누군가의 손을 붙잡을 수 없었던 순간, 무언가를 외치던 이의 목소리, 서로를 밀치고 붙잡아야만 했던 그날의 숨 막히는 공기는 아직도 마음속 깊은 곳에서 살아 숨 쉬고 있다.

이태원의 밤은 더 이상 축제의 불빛이 아닌, 가슴에 묻힌 슬픔의 빛이 되었다. 살아남은 자들은 그날의 고통을 안고 오늘을 산다. 그들의 걸음은 여전히 무겁고 눈을 감으면 다시 그 좁은 공간으로 돌아가 그들과 함께 있던 사람들을 기억한다. 그들에게는 차마 잊어버릴 수 없는 시간이 남아 있고, 그 시간은 무언의 울음소리처럼 속삭인다.

이태원의 그 밤은 멈춰 있지만, 그들을 위한 애도가 절대 끝나지 않을 것을 우리는 안다. 그날의 상처는 살아남은 자들에게 깊은 책임이 되었고, 그 책임은 부재의 무게로 남아 있다. 누구도 말하지 않았지만, 그들은 서로를 위해, 기억하기 위해 살아가고 있다. 그 기억이 슬픔의 골목을 넘어 언젠가 평화를 찾기를 우리는 묵묵히 기다리며 그들의 이야기에 귀 기울인다.

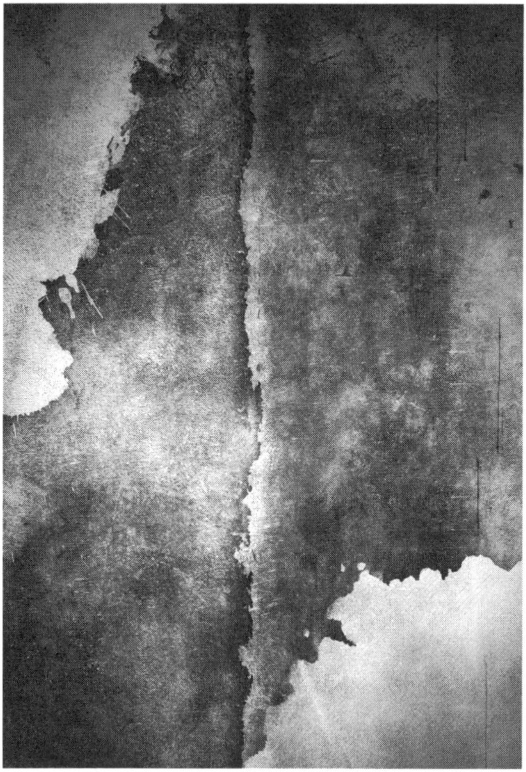

살아 남은 자의 슬픔 #4 - 2024년, 가자지구

팔레스타인 가자지구에는 아이들이 있다, 아이들은 너무도 이른 나이에 비극을 배워야 했다. 삶을 배우기 전에 상실을 먼저 배운 그들, 꿈꾸기 전에 두려움을 먼저 마주한 그들. 하늘은 자주 붉게 물들었고, 골목은 고요 대신 폭발음으로 가득했다. 삶이란 것이 깨진 유리조각처럼 발밑에 흩어진 파편이라는 걸 그들은 너무도 빨리 알아버렸다.

아이들은 그 속에서 여전히 살아남았다. 그러나 살아남은 자에게는 남겨진 자의 슬픔이 찾아온다. 친구가 사라진 공터, 가족이 떠난 집 안의 적막함, 어제와 다를 바 없는 무너진 골목을 걸을 때마다, 그들은 그리움과 두려움 속에서 스스로를 지탱해야 한다. 살아남은 아이들은 매일 아침 떠오르는 해와 함께 또 하루를 견뎌야 하지만, 그들의 마음속에는 지지 않는 공포와 어둠이 진행형으로 남아 있다.

아이들에게는 어른이 될 시간이 주어지지 않았다. 그들은 하루하루를 버티며 이미 작고 단단한 어른이 되었다. 밤하늘 빛을 잃은 별들을 손으로 더듬으며 사라진 친구들의 이름을 속삭이는 이 작은 존재들은 결코 평범한 아이들이 아니다. 그들의 웃음 속엔 슬픔이 있고 눈빛 속엔 상실의 기억이 깃들어 있다. 하지만, 그런데도 그들은 여전히 웃는다. 가슴 한구석 깊은 곳에 상처를 숨긴 채 자신을 지키기 위해 꿋꿋이 서 있다.

그들은 작은 손으로 무너진 벽돌을 쌓으며 희망을 세우려 한다. 비록 그 희망이 모래처럼 쉽게 무너질지라도, 그들은 다시 일어나 그 자리에 서려 한다. 서로의 손을 맞잡고, 짧은 순간이라도 평화와 기쁨을 나누려 애쓴다. 한 줌의 행복, 한 조각의 평온이라도 그들에게는 너무나 귀한 것이라서, 그들은 그 순간을 온 마음으로 끌어안는다.

팔레스타인 가자지구의 아이들, 그들은 살아남은 자의 슬픔을 간직한 채 조용히 서 있다. 아무도 듣지 못하는 그들의 속삭임, 아무도 보지 않는 그들의 눈물은 세상을 향한 간절한 외침이다. 그 슬픔 속에서도 아이들은 언젠가 다가올 평화의 날을 꿈꾸며 잔해 속에서도 피어나는 작은 꽃을 바라본다.

B급 좌파

가끔 내 정치 성향에 관해 묻는 사람들이 있다. 그때마다 내가 하는 답변은 "B급 좌파다"이다. 이 성향은 세상이 좋아지는 일에 관심을 두기 시작했던 젊은 시절부터 지금까지 바뀌지 않았다. 나는 B급 좌파다.

'B급 좌파'라는 말은 어딘가 친숙하면서도 낯설다. 날카로운 이상이나 이념의 틀에 갇히지 않고, 소박하고 일상적인 시선에서 사회를 바라보려는 이들이 떠오른다. 이들은 교과서적인 좌파가 아니며, 이상적이고 체계적인 사회운동가도 아니다. 다만, 작고 일상적인 것들을 통해 세상의 불합리와 모순에 대해 말하고, 조금 더 나은 세상을 바라는 사람일 뿐이다.

B급 좌파는 특정한 틀이나 이념에 구속되지 않는다. 높은 이상을 좇기보다는 현실의 사람들(신약성서 복음서에서는 '무리'라 표현), 소외된 이웃들, 약한 자들에 눈길을 돌린다. 그들에게 있어 '좌파'는 그저 한쪽 편에 서는 것 이상의 의미가 있다. 힘들고 불편한 삶을 살아가는 이들의 이야기와 그 삶 속의 작지만 중요한 문제들을 함께 고민하는 것, 이것이 B급 좌파의 방식이다.

B급 좌파는 세상을 바꾸겠다는 거창한 구호보다는, 작지만 의미

있는 변화를 만들기 위해 움직인다. 거리에서 불평등을 이야기하기보다는, 골목길에서 마주친 이웃의 손을 잡고 그저 듣고 공감해 주는 소박함이 있다. B급 좌파의 힘은 바로 이런 소박함에서 나온다. 겉으로 드러나지 않지만, 그 속에서 살아가는 이들을 위한 작고 진실한 연대가 담겨 있다.

그들은 대중문화나 일상에서 우리와 함께 숨 쉬며 작은 목소리로 속삭인다. "이게 정말 맞는 걸까?"라는 질문을 던지며, 당연하게 여기던 것들에 의문을 품고 작게나마 저항한다. B급 좌파는 세상을 뒤흔들 거대한 운동이 아니라, 한 걸음씩 자신이 서 있는 자리에서 시작하는 조용한 변화의 물결이다. 어쩌면 B급 좌파는 그 자체로도 하나의 'B급 같은 존재'다. 화려하거나 영웅적인 모습을 갖추진 않았지만, 소소한 변화와 실천 속에서 일상을 조금 더 나은 곳으로 만드는 힘이 있다.

그래, 나는 B급 좌파다.

이젠 말할 수 있다

'서북청년회'라고 들어본 적 있는가? 이 집단은 해방 이후 이북에서 내려온 몰락 지주(地主), 친일파, 기독교인들로 이루어진 반공우익 단체다.

불편한 진실은, 이들이 예수의 이름과 십자가를 내세워 '제주 4·3 항쟁' 당시 제주 시민 10분의 1을 학살하는 데 앞장섰다는 것이다. 온갖 잔인한 방법으로 양민을 고문하고 학살했을 뿐만 아니라 집단 성폭행하는 일도 서슴지 않았다. 제주 항쟁 진압 세력 중 가장 잔인하기로 악명 높은 단체였다고 하니 굳이 설명하지 않아도 이들의 추악함을 짐작할 수 있을 것이다. 참고로 백범 김구 선생을 암살한 안두희도 서북청년회 소속이었다.

안타까운 건 지금 이 시대 이 땅을 사는 기독교인들이 이를 반성하거나 기억조차 하지 않는다는 것이다. 현재 제주도엔 기독교인이 많지 않다. 몇몇 사람은 "섬이 지닌 특수성 때문에 우상과 미신이 만연해서 그렇다."라고 평가하기도 한다. 그러나 내가 보기엔 제주도민들의 기억 속에 '기독교인은 살인자이자 강간범이라는 무의식이 자리 잡고 있어서 그런 건 아닐까?' 조심스레 추측해 본다.

'교회다운 교회, 그리스도인다운 그리스도인'을 찾아보기 힘든 시대를 살면서 그리스도인으로서의 정체성에 대해 다시 한번 고민하게 된다. 의인 다섯 명이 없어서 망한 소돔과 고모라 성을 생각하면서….

난장이가 쏘아올린 작은 공

지금도 여전히 진행 중인 차별과 사회 양극화를 목격하면서 희망과 절망의 경계인 회색지대에 놓은 이들을 생각한다. 신념이 전부라 믿었던 젊은 시절에 읽었던 책을 다시 펼쳤다. 조세희의 소설《난장이가 쏘아올린 작은 공》이다.

《난장이가 쏘아올린 작은 공》은 산업화의 그늘 속에서 고통받는 소외된 사람들의 이야기를 담고 있다. 주인공 난장이 가족은 극심한 빈곤과 억압 속에서 살아가며, 그들의 삶은 마치 작은 공처럼 사회의 힘에 의해 좌우된다. 이 작품은 우리 사회의 어두운 이면을 드러내며, 그 속에서 인간의 존엄성과 희망을 찾고자 하는 모습을 보여준다.

난장이 가족이 살아가는 세계는 철거 위기에 놓인 공간, 끝없는 불평등과 착취 속에 갇힌 현실이다. 그들의 가난은 단지 물질적인 결핍을 의미하는 것이 아니라, 인간으로서의 기본적인 권리를 잃어버린 채 살아가는 고통을 의미한다. 이 작품은 한 개인의 이야기가 아니라, 당시 사회적 약자들이 겪었던 절망을 대변하는 목소리다.

그런데도 난장이가 '작은 공'을 쏘아올린 장면은 작은 희망의 상징으로 다가온다. 그 작은 공은 난장이가 품은 소망이자, 자신을 억누

르던 세상을 향해 던지는 저항의 몸짓이다. 비록 그 공은 허공에 떠오르다 사라지지만, 그 순간만큼은 난장이도 자신의 힘을 믿고 꿈을 꿨을 것이다. 이는 우리에게 작은 희망이 얼마나 큰 의미를 지니는지 일깨워 준다. 비록 현실은 냉혹하지만, 사람들은 여전히 꿈을 꾸고 살아가려는 노력을 멈추지 않는다.

난장이가 쏘아올린 작은 공은 우리에게 질문을 던진다. 과연 우리는 지금 누구의 목소리에 귀 기울이고 있는가? 사회적 약자들의 아픔을 외면하지 않고, 그들에게 진정한 희망을 줄 수 있는 사회를 만들어 가고 있는가? 이 작품은 단순히 읽고 끝나는 이야기가 아니라, 우리 사회의 불평등과 차별에 대해 고민하고 성찰하게 만드는 울림을 남긴다.

난장이가 쏘아올린 작은 공은 우리에게 경고와 희망을 동시에 던진다. 작은 공은 사라졌지만, 그 공이 남긴 울림은 여전히 우리의 마음 속에서 맴돌며 더 나은 세상을 향한 희망으로 자리하고 있다.

말도로르와 나

유년에서 청소년을 거쳐 성년이 되는 내내 거대한 산처럼 나를 짓눌렀던 공포의 대상이 있었다. 그 시절 나는 암흑 속에서 출구를 찾아 방황하고 또 방황했다. 고등학교 시절 서점에서 우연히 발견한 시집 한 권, 로뜨레아몽의 《말도로드의 노래(Les Chants de Maldoror)》다. 이 시집은 나의 어두운 세계를 너무 잘 담아낸 것 같았다. 절망과 불안의 어두운 심연을 잘 이해하는 것 같았다. 대학을 졸업하기까지 이 시집은 늘 곁에 있었다.

《말도로르의 노래》는 나의 어두운 심연을 들여다보게 하는 거울과도 같았다. 로뜨레아몽이 그린 세계는 도덕과 규범을 초월한, 미지의 영역에 자리한 욕망과 혼돈으로 가득했다. 말도로르가 인간의 고통과 증오를 거침없이 드러낼 때, 나는 그 날것의 감정에 압도당하면서도 묘한 공감을 느꼈다. 그가 세상에 저항하며 끝없는 절망 속에서 홀로 고독을 견딜 때, 그 어둠이 내 안의 상처와 고독에 닿아오는 듯했다.

말도로르는 어둠을 두려워하지 않았다. 오히려 그것을 껴안고, 자신의 가장 불길하고 금지된 욕망을 꺼내어 세상 앞에 드러냈다. 그 무차별적이고 반항적인 태도는, 내 안에 깊이 눌러 담아왔던 억

압된 감정들, 사회가 요구하는 틀 안에서 숨겨야 했던 모습들을 떠오르게 했다. 나는 그가 펼쳐 보이는 환상과 악몽 속에서 자유로움을 느끼고, 나 역시 나의 한계를 벗어나고 싶은 욕망에 사로잡혔다. 《말도로르의 노래》는 내가 꺼내놓지 못한 내면의 어둠을 끄집어내어, 나의 참된 모습과 마주하게 했다.

말도로르와 나는 결국 달랐을 수도 있고, 닮았을 수도 있다. 말도로르의 분노와 광기는 나의 일상과 동떨어져 있었을지 모르지만, 그 감정의 본질은 어디선가 내게 공명하며 은밀한 울림을 남겼다. 그가 경험한 고독과 절망은 나에게도 익숙한 감정이기에, 나는 그를 이해하며, 그 어둠 속에서 나 자신을 조금 더 온전히 느꼈다. 《말도로르의 노래》는 내게 상처와 혼돈이 어둠 속에서조차 가치 있는 부분이 될 수 있다는 메시지를 전해주며, 나 자신의 깊은 곳을 포용하게 했다.

어릴 적 받은 상처와 절망은 꼬리표처럼 평생을 따라다니는 것 같다. 어른이 되어 조금씩 철이 들어가는 지금도, 그 기억들은 깊숙한 곳에 가라앉아 있다가 생각지도 않은 때 불쑥 튀어나온다. 살아오면서 그 기억들을 잊으려고 애써 외면하며 살았다. 추억을 회상하다 그 기억들마저 딸려 나올까 봐 지난날을 추억하는 것마저 거부하며 살았다. 어쩌면 이 기억들은 죽는 날까지 끌어안고 가야 하는 십자가일지도 모르겠다. 수십 년 만에 시집을 다시 꺼냈다. 책을 펼치면 기억의 파편들이 다시 나를 괴롭힐 것 같아 먼지만 떨었다. 그리고 보이지 않는 깊숙한 곳에 그 책을 감추었다.

세상은 망하지 않아요

'6·13 전국동시지방선거'(2018년)가 막을 내린 다음 날 두 살 아래 오랜 벗에게서 전화가 왔습니다. 잔뜩 풀이 죽어 있는 목소리였습니다. "무슨 일 있냐?"라고 물었더니 애써 태연한 목소리로 말하더군요.

"형, 나라가 망했어요."

이번 선거에서 자유한국당(지금의 '국민의힘')을 비롯한 보수(수구에 더 가까운) 편에 선 군소 정당의 몰락은 예견된 일이었습니다. '세월호 사건-촛불혁명-남북정상회담'으로 이어지는 거대한 역사의 흐름을 받아들이지 못하고 기를 쓰고 거부했던 그들의 무지함과 오만함이 이번 선거에서 심판을 받은 것이지요.

제 벗의 심정 또한 이해합니다. 그의 처지에선 이번 선거 패배가 나라가 망한 것과 같은 엄청난 충격이었겠지요. '이명박·박근혜'는 물론이고 정치적 면에선 보수를 지지하는 그였기에 이번 선거 결과는 충격보다는 절망에 더 가까웠을 겁니다.

저 또한 그랬습니다. 노무현 대통령 시절 열린우리당이 지방 선거에서 참패했을 때 그랬고, 이명박이 대통령이 되었을 때 그랬고, 박근혜가 대통령이 되었을 때 그랬고, 박근혜 당시 치른 지방선거에서 한나라당(지금의 '국민의힘')이 지방 권력을 싹쓸이했을 때 그랬습니다. 저도 그땐 매번 나라가 망하는 줄 알았습니다. 그런데 아니더군요. 엄청난 사회적 비용을 지급했음에도 불구하고 나라는 조금씩 좋아지더군요.

제 벗과 저는 정치적 성향이 정반대입니다. 제 벗이 보수라면 저는 좌파(정통 좌파보다는 B급 좌파)에 가깝습니다. 이렇게 성향이 다른데도 둘이 아무런 갈등 없이 오랜 세월 가깝게 지내 온 데는 다 까닭이 있습니다. 상대방의 정치적 성향을 존중했기 때문이지요. 너와 나는 생각이 다른 것뿐이지 틀린 것은 아니라는 사실을 서로 인정했기 때문이지요.

우리는 종종 착각합니다. 나와 다른 생각과 신념을 가진 사람들을 보면 그들이 틀렸다고 생각합니다. 분명 '다름'과 '그름'은 구별되어야 합니다.

제 벗이 전화를 끊기 전에 한마디 더 하더군요.

"형은 좋겠어요. 형이 바라던 세상이 되어서…."

물론 좋습니다. 밤을 지새 개표 결과를 지켜보며, 얼마나 큰 안도의 한숨을 내쉬었는지 모릅니다. 이제 숨통이 좀 트이는구나 만족하며 뜬눈으로 밤을 지새웠습니다. 그러나 이런 제 마음을 벗에게는 드러내지 않았습니다. 세상이 무너질 것 같은 절망감을 느끼고 있을 그의 마음에 상처를 주고 싶지 않았습니다. 속으로는 '너는 이번 한 번이지만 나는 지금까지 몇 번을 절망하고 얼마나 오랜 세월 동안 숨 막히게 살아왔는지 아느냐?'라고 묻고 싶었지만 관두었습

니다.

저와 제 벗이 서로 정치적 성향이 정반대임에도 불구하고 오랜 세월 동안 가깝게 지낸 것은 서로가 가진 생각을 존중한 데 있습니다. 쓸데없는 소모적인 논쟁은 피하고 나와 다른 생각을 하는 너를 나와 같게 만들려고 애쓰지 않은 데 있습니다.

'서로 다름'을 인정하고 서로의 차이를 하나씩 극복해 나가다 보면 이 땅에도 정의와 평화가 강물처럼 흐르는 그날이 분명히 오겠지요.

이번 지방 선거의 결과를 두고 절망하고 있을 많은 사람, 특히 제 벗에게 위로의 말을 전합니다.

"힘내세요. 세상은 망하지 않아요."

세상이 좋아질 줄 알고 묵묵히 제 길을 가고 있었는데, 도로 엉망이 되어버렸습니다. 대통령(윤석열) 한 사람이 국가 시스템을 이렇게까지 망가뜨릴 수 있구나 하는 생각을 하니, 가슴이 답답해서 미칠 지경입니다. 불의한 권력, 부패한 권력, 무능한 권력은 국민을 삶의 질을 나락으로 떨어뜨립니다. 제 벗에게는 세상은 망하지 않으니 걱정하지 말라고 위로했었는데, 이미 세상이 망한 것 같으니 어찌하면 좋을까요. 그래도 한편으로는, 헤겔의 변증법 '정(테제)-반(안티테제)-합(진테제)'의 논리대로 세상이 굴러간다는 것을 믿고 있기에 조금은 안심이 됩니다. 이 순간이 지나고 나면 지금보다 더 나은 세상이 될 거라는 막연한 기대감이 오늘 이 하루를 버티게 합니다.

모든 생명은 소중하다

모든 생명은 그 자체로 하나의 시(詩)다. 작은 들풀 하나, 바람에 흔들리는 나뭇잎, 파란 하늘 아래 몸을 웅크린 작은 벌레조차도 이 세상에 자신의 자리와 의미를 가지고 태어난다. 살아 있는 모든 것은 저마다의 이유로 여기에 있다. 그들이 생을 노래하고 있을 때, 그 조용한 울림이 우리에게 다가와 생명의 신비와 아름다움을 속삭인다.

길가에 피어난 이름 모를 꽃을 보았다. 아주 작고 눈에 잘 띄지도 않는 꽃이었지만, 그 속에는 생의 의지가 깃들어 있었다. 사람들에게 기억되지 못할지도 모르지만, 그 꽃은 단 한 번의 봄을 위해 차가운 겨울을 견뎌냈다. 그 작디작은 꽃 하나가 피어나는 일조차 결코 쉽게 이루어지지 않았다. 하물며 이 세상 모든 생명이 얼마나 소중한가를 생각하면 마음이 깊어지고 경외심이 샘솟는다.

바다에 사는 물고기들이며 하늘을 나는 새들, 그리고 바람에 흔들리는 나뭇잎들까지도 저마다의 방식으로 하루하루를 살아가고 있다. 그들은 이유 없이 존재하지 않으며 그 존재 자체로 세상에 하나의 빛을 더하고 있다. 그들이 만들어가는 작은 세계가 모여 우주를 이루고, 그 속에서 우리는 서로에게 의지하며 살아가고 있다. 그 생명이 없으면 우리의 삶도 무너질 것이다. 하나의 풀도, 한 마리의 나비도, 그들은 모두 우리가 살아갈 이유를 더해주는 소중한 존재들이다.

때로는 생명이란 참으로 연약하게 보인다. 풀잎 하나도 손끝에 쉽게 꺾일 수 있고, 작은 새 한 마리도 어느 바람에 홀연히 사라질 수 있다. 그러나 그런 연약함 속에서도 그들은 최선을 다해 생을 지탱하며 살아간다. 생명은 그저 강하기 때문에 소중한 것이 아니라, 연약하고도 덧없는 존재이기에 더욱 소중하다. 그 짧은 순간 속에서도 뜨겁게 빛나는 그들의 생의 열정은 우리에게 삶의 의미와 가치를 일깨워 준다.

모든 생명을 소중히 여긴다는 것은 단지 그들을 보호하는 것을 넘어 우리 자신을 더욱 풍요롭게 만드는 일이다. 그들을 바라보며 우리는 삶의 진실과 아름다움을 배운다. 생명은 그 존재만으로도 완전하고 소중하다. 이 세상 모든 생명은 하나의 기적이자, 우리 삶을 아름답게 채워주는 작은 별들이다.

신념에 대하여

신념은 흔들리지 않는 마음의 뿌리다. 그것은 외부의 시선이나 상황에 따라 쉽게 변하지 않는, 깊고 단단한 나만의 진실이다. 신념을 가진다는 것은 자신이 믿는 무언가를 향해 흔들림 없이 걸어가는 것이다. 때로는 다른 사람들과 다를 수 있고, 주위에서 이해받지 못할 수도 있지만, 신념이 있는 사람은 그 길을 포기하지 않는다.

신념은 쉬운 길이 아니다. 그것은 세상과 타협하지 않고 스스로에게 한 약속을 지켜가는 것이다. 인생의 굴곡 속에서, 신념은 우리에게 힘이 되고 방향을 제시해 준다. 쉽게 흔들리지 않기 때문에 때로는 고독할지라도, 그것을 지키는 자에게는 스스로를 지킬 수 있는 강한 내면이 생겨난다.

하지만 신념이란 고집과 다르다. 신념은 자신이 가진 확신을 지키되, 세상과 스스로에게 귀를 기울일 줄 아는 것이다. 타인에게도 자신에게도 열린 마음을 갖고, 더 나은 길을 고민하며 성장하는 자세가 바로 진정한 신념이다.

세상의 많은 변화를 겪어도 꺾이지 않고, 넘어져도 다시 일어설 수 있게 하는 것, 그것이 바로 신념이다.

끌림 作家選 003
낯가림

2024년 11월 20일 초판 1쇄

지은이 김한결
펴낸이 김영태
펴낸곳 도서출판 끌림

출판등록 제2022-000036호
주소 대전광역시 서구 대덕대로 325, 스타게이트빌딩 471호
전화 0502-0001-0159
팩스 0503-8379-0159
전자우편 kkeullimpub@gmail.com

공급처 한국출판협동조합
전화 02-716-5616
팩스 02-716-2999

ISBN 979-11-93305-13-3 (03810)

값 12,000원